D1931053

Überreicht durch den

EVANG. STANDORTPFARRER
HANNOVER II

Sigo Lehming

So wie ein Mann mit seinem Freunde spricht

»Der Herr aber redete mit Mose
von Angesicht zu Angesicht,
wie ein Mann mit seinem Freunde redet.«

2. Mose 33, 11

Sigo Lehming

So wie ein Mann mit seinem Freunde spricht

Kreuz Verlag

CIP-Kurztitelaufnahme der Deutschen Bibliothek

Lehming, Sigo:
So wie ein Mann mit seinem Freunde spricht /
Sigo Lehming. – 1. Aufl., (1.–4. Tsd.). –
Stuttgart, Berlin: Kreuz Verlag, 1979.
ISBN 3-7831-0586-2

1. Auflage
© Kreuz Verlag Stuttgart 1979
Gestaltung: Hans Hug
Abbildung auf dem Einband:
Plastik »Das Wiedersehen« von Ernst Barlach,
Foto: Hans-Jürgen Wohlfahrt
Gesamtherstellung: W. Röck, Weinsberg
ISBN 3 7831 0586 2

Inhalt

Gebet 7

I Im Lichte Gottes

Geheimnis 11
Freundschaft 14
Gemeinschaft 16
Träume 18
Freude 20
Vertrauen 23
Poesie 25
Licht 28
Raum 33
Auf das alte Jahr 38
Zeit 39

II Nicht allein

Rätsel 45
Weisheit 49
Einsamkeit 53
Verlorenheit 57
Bedrängnis 60
Gedanken 64
Enge 68
Menschenleben 71
Lächeln 76
Warten 79
Mittagsgedanken 83

III Auf dem Weg

Geleit 87
Gespräch am Morgen 91
Widerspruch 93
Eindeutigkeit 97
Unruhe 101
Opfer 105
Gewissen 109
Wegweiser 115
Rechtschaffenheit 119
Wunder 124
Sehen 129

IV Zum Ziel

Hoffnung 135
Traurigkeit 140
Kreuz 143
Bild 146
Auferstehung 148
Freiheit 154
Furcht 160
Abschied 168
Folgen 172
Glauben 175
Wohin? 181
Zum Abend 187

Gebet

Der du aus Dunkelheiten riefst das Licht
und dessen Hände eine Schöpfung tragen:
ich möchte dir von meinem Leben sagen,
so wie ein Mann mit seinem Freunde spricht.

Der du die Welten forderst ins Gericht
und die Jahrtausende bemißt mit Tagen:
ich möchte dich nach meinem Leben fragen,
so wie von Angesicht zu Angesicht.

Aus deinem Licht lenkst du der Schöpfung Lauf.
Doch kommst du auch ins Dunkel meiner Zeiten
und tragen deine Hände auch mein Ich,

hebst du im Weltgericht mein Leben auf
und hast du Raum in meinen Endlichkeiten,
dann bleib bei mir und hör mir zu und sprich.

I

Im Lichte Gottes

Geheimnis

1. Advent

Gott ist in Jesus Christus bei den Menschen angekommen. Für die Christen ist dieser Gedanke beglückend. Für diejenigen unter uns, die keine Christen sind, ist solches Denken sinnlos. Wenn sie an Gott denken – sofern sie überhaupt an Gott denken –, scheint ihnen die Vorstellung gotteslästerlich zu sein, daß dieser Gott, ihr Gott, Mensch geworden sein soll. Tatsächlich und ohne Vorbehalte Mensch.

Nun aber ist es so, daß die Christen anfangs selber verwundert zu erklären suchten, wieso von Gott, dem allmächtigen und über alle Welten ewigen Gott, in Zukunft nur noch geredet werden kann, indem man von Jesus redet, einem Menschen aus Nazareth in Galiläa. Wie, so fragte man, sollte dies möglich sein: Gott besser zu verstehen als je zuvor und wahrhaftiger von Gottes Gottsein reden zu können als je gedacht – gerade dadurch, daß man von ihm spricht auf solche Menschenweise? »Ich möchte, daß ihr reich werdet durch eine vollständige Einsicht in das Geheimnis Gottes: nämlich Christus. Denn in ihm liegen alle Schätze der Weisheit und der Erkenntnis verborgen.« So antwortet der Apostel im Brief an die Kolosser im 2. Kapitel. Christus, so heißt es also, sei das Geheimnis Gottes.

Der Gegensatz von Geheimnis ist nun nicht Offenbarung, wie man meinen könnte. Der Gegensatz von Geheimnis ist das Unheimliche. Das Unheimliche wirkt aus dem Dunkel heraus, beschenkt und zerstört auf unbegreifbare Weise. Das Unheimliche teilt sich nicht mit. Es bleibt bei sich selbst. Es waltet sprachlos und regiert so durch Angst. Und auch nur so kann es seine Macht ausüben, die Menschen spüren, unter der sie leiden und verzweifeln. Das Unheimliche wird ohnmächtig, wenn es aus dem Dunkel ans Licht gebracht und damit aller Augen preisgegeben wird. Was einmal seine Macht war, wird im Licht als Anmaßung erkennbar.

Gottes Geheimnis ist, daß er sich selbst ans Licht gebracht hat. Daß er sich aller Augen preisgab und doch Gott bleibt. Daß er Mensch wurde und doch Gott bleibt. Daß er das Schicksal aller Kreatur und eben auch des Menschen auf sich nahm, zeitlich zu sein, und das heißt vergänglich – und daß er doch der Ewige bleibt. Daß er ins Sterben, in den Tod gehen konnte – und der Lebendige bleibt.

Das eben ist Gottes Geheimnis, das sich uns durch Jesus von Nazareth erschließt, daß nichts von allem Unheimlichen an ihm sich findet, von dem doch unsere Welt so übervoll ist. Gottes Geheimnis! Er ist nicht bei sich geblieben. Er hat sich mitgeteilt. Er hat geredet. Und damit sind die Mächte unserer Welt, die ihre Kraft aus dem Unheimlichen beziehen, für alle Zeit bloßgestellt: Das Unheimliche hat hier sein Maß bekommen, ihm ist sein Ziel gesetzt. Es muß dem weichen, der seine Allmacht an das Licht gebracht hat, vor dem dem Unheimlichen graut, weil es im Licht vergeht.

Dies ist die Ankunft Gottes bei den Menschen. Und diese Ankunft ist der Grund der Hoffnung, daß alle Angst, in die das Unheimliche uns jetzt noch zwingen mag, daß alle Schuld, in die das Unheimliche uns jetzt noch treibt, mit dem Unheimlichen vergeht. Und daß allein der Ewige, Lebendige und Liebende für immer bei uns bleibt.

Freundschaft

2. Advent

Ein Mensch ruft seinen Freund, weil er ihn braucht. Der Freund antwortet: Ich komme zu dir. So kommt der Freund an bei dem anderen, der ihn braucht. Er begegnet ihm. Hilfe wird möglich, weil der Freund kommt und den Besorgten aufsucht – ihn an dem Ort, wo er sich sorgt, besucht. So kann der Freund zum Helfer werden. Er wird zum Helfer, wenn der andere spürt: Der Freund versteht dich, deine Sorge geht ihn an, er leidet mit dir. Der Freund versagt, wenn er nur Mitleid zeigt, wenn er – die Sprache malt es treffend – von oben herab dem in der Tiefe Besorgten Worte gönnt, die den da unten in der Tiefe einsam lassen. So wird der Freund zum Fremden und wirkt Arges. Er wäre besser zu Hause geblieben.

Im 130. Psalm ruft ein Besorgter nach dem einzigen Freund, der seiner Sorgen noch Herr werden könnte. So nennt er diesen Freund auch »Herr«. Wir nennen diesen Freund auch »Gott«. – So spricht der Besorgte:

»Aus der Tiefe rufe ich, Herr, zu dir.
Herr, höre meine Stimme,
öffne deine Ohren für die Stimme meines Flehens.
Wenn du, Herr, Sünden anrechnen wolltest,
wer könnte noch am Leben bleiben?
Aber gerade du bist es, der Sünden vergeben kann –
Grund genug, um dich zu fürchten.

Nun warte ich auf den Herrn;
meine Seele wartet,
und ich hoffe auf seine Antwort.«

Diese Antwort hat der Freund, der Herr – wir sagen Gott –, gegeben. Nicht von oben herab, womit dem Menschen dort unten in der Tiefe nichts Hilfreiches geschehen wäre. Der Freund hat sich auf den Weg gemacht zu dem da unten in der Tiefe. Er ist zu ihm gekommen an den Ort, wo er sich sorgt. Wo vor der Sorge alles Licht ergraut. Und der Besorgte in der Tiefe spürt: Der Freund versteht dich, deine Sorge geht ihn an. Er leidet mit dir da, wo andere Mitleid zeigen. Mitleid findet der Mensch genug. Mitleiden kann nur der Freund.

So ist die Ankunft Gottes bei den Menschen in der Tiefe. Hier redet der Besorgte zu dem Freund, und hier erhält er Antwort auf seine Fragen. Der Freund bei dem Besorgten in der Tiefe verlangt nicht Rechenschaft. Er kam zum Helfen, nicht zum Richten. Er hört die Worte. Und er hört das Seufzen. Und auch das Schweigen des Besorgten spricht für ihn. Er kennt die Worte, die die Sorge redet, ihr Seufzen und ihr Schweigen. Er ist ja Mensch neben dem Menschen in der Tiefe. Und weil der Freund ein Mensch ist, ist er nicht unbesorgt – auch nicht in seiner Hilfe. Und weil er Freund ist, bleibt er bei dem andern, solange der sich in der Tiefe findet. Der Freund fragt nicht, was ihn das alles kostet. Gott hat auch nicht danach gefragt und ist darum in Jesus Christus Mensch geworden.

Gemeinschaft

3. Advent

Emigranten haben es immer schwer gehabt. Sie leben in der Fremde. Die Gemeinschaft mit den Menschen, mit denen sie durch viel Gemeinsames verbunden sind, ist zerbrochen. In der Fremde ist alles anders als zu Hause. Die Fremde macht den Fremden rechtlos. Die Fremde verweigert dem Fremden Gemeinschaft – nicht aus Bosheit. Sie versteht ihn nicht –, noch versteht er sie. Sie bleiben einander fremd. Der Emigrant, der in der Fremde ankommt, bleibt ein Fremder. Er findet neue Heimat erst, wenn ihm ein Mensch begegnet, mit dem er reden kann, der ihn bei sich aufnimmt und mit ihm ißt.

Im 23. Psalm hören wir die Worte eines Emigranten, der nichts hat als seinen Leib, damit er allen Mangel der Fremde ohne Gemeinschaft noch durchleiden kann – und der neben dem Nichts noch Gott hat, der ihm seine Gemeinschaft anbietet: Gott setzt sich mit dem Emigranten zu Tisch. Aber hören wir einiges von dem, was der Emigrant darüber sagt:

»Der Herr ist bei mir. Weil das so ist, gibt es in meinem Leben kein Zuwenig. Ich habe Mangel, aber ich habe nie zuwenig. Wie soll ich es beschreiben? Wie ein Hirte immer dafür sorgt, daß seine Herde Gras und Wasser findet, auch wenn er sie durch weite Wüsten führt, von einem Weideplatz zum andern, so sorgt der Herr für mich. Ich fürchte mich nicht, auch nicht, wenn der Tod seinen Schatten über mich wirft. Der Herr ist bei mir. Wenn meine Feinde auf mich eindringen, setzt er sich mit mir zu Tisch. Er ist mein Herr – aber er behandelt mich, als sei ich ein Ehrengast in seinem Haus. Er verläßt mich nicht. Und weil er bei mir ist, habe ich nie zuwenig, auch wenn ich nur noch mich habe, sonst nichts. Wenn er bei mir ist, nimmt mir kein Mangel das Leben. Und allezeit steht mir sein Haus offen.«

Vielleicht kennen Sie den 23. Psalm ganz anders. Ich habe ihn nicht aus der Bibel abgeschrieben. Ich habe versucht zu sagen, was ich von ihm verstehe. Ich glaube, Jesus hat den 23. Psalm nicht anders verstanden. Er tat mit den Emigranten seiner Zeit, was der Emigrant des 23. Psalms vom Herrn berichtet. Jesus ging hin zu den Vaterlandsverrätern und den Freudenmädchen, den Menschen ohne Gemeinschaft, die aus der ehrbaren Gesellschaft ausgewandert waren ins Ausland der Unordnung. Er setzte sich zu ihnen, und er aß mit ihnen. Er war ihr Nächster. Sie begriffen, was er meinte mit den Worten: Das Gottesreich ist nahe. Er ging auch zu den Ausgewiesenen seiner Zeit: den Kranken, den Verlassenen. Er heilte, nicht um gesund zu machen allein; sie erlebten vor allem, daß er sich um sie kümmerte. Er schenkte Heimat; denn er kam zu denen, die ohne menschliche Gemeinschaft waren und die doch zum Leben die Gemeinschaft brauchten – so wie wir.

Das ist Gottes Ankunft bei den Menschen: Gemeinschaft mit denen, die Gemeinschaft brauchen, um leben zu können. Diese Ankunft bedeutet für den Emigranten Rückkehr, bedeutet, daß der Ausgewiesene heimgeholt wird. Und wer unter uns kann meinen, nie Emigrant zu sein, nie Ausgewiesener?

Träume

4. Advent

In unseren Träumen können wir erleben, was uns die Wirklichkeit des Tages vorenthält. Zutiefst Bedrückendes oder zutiefst Beglückendes. Erwachen wir, dann fällt der Traum zurück in unsere Seele, aus der er aufgestiegen ist. Das Licht rückt das geträumte Glück und den geträumten Schmerz zurecht: Kein Traum schafft eine neue Wirklichkeit. Der schönste Traum wirkt nicht auf Dauer Freude. Der Traum vom Glück ist – ausgeträumt – nur noch Erinnerung an eine Illusion. Wir wissen es.

Wo aber ist Freude? Ich meine, gerade dort ist Freude, wo der Mensch der Illusion über sich selbst entrinnt und »Ja« zu dem zu sagen wagt und sagen kann, der er nun einmal ist. Ich las einmal dies:

Ich suchte mich, fremd dem gewohnten Treiben,
und ging den Weg durch Sprache und Gebärden
bis an den Ort, wo meine Seele lebt.

Dort fand ich mich: wo sich die Sinne reiben,
wo alte Schuld stets neu mich will gefährden
und längst Vergangenes nach wirrem Wirken strebt.

Dort, wo Gedanken denken, die doch wortlos bleiben,
wo Wünsche wünschen, die nie Hoffnung werden,
und Träume träumen, die der Tag begräbt.

Es ist keine Frage: Dieses Ergebnis des Nachdenkens über sich selber entspricht nicht den landläufigen Vorstellungen vom Glück. Aber Glück und Freude sind auch nicht dasselbe. Glück hebt den Menschen über den Tag hinaus; Freude bestätigt ihm, daß es sich auch an diesem Tag zu leben lohnt. Zum Glück gehört die Illusion der Dauer. Die Freude aber weiß, daß jeder neue Tag den alten erledigen kann. Glück will die Seele lösen von der Erde; Freude ist dort zu Hause, wo die Seele lebt. Gott kam zu uns, damit wir Freude haben. Er wurde Mensch in Jesus von Nazareth, erfuhr das Glück und ebenso das Unglück, er fand Gemeinschaft und die Einsamkeit, er hatte Freunde, die ihn dann verließen. Da gab es Menschen, die ihn verstanden, und viele gab es, die ihn schmähten gerade da, wo er den Menschen helfen wollte.

Gottes Ankunft war total: Seine Ankunft bei den Menschen verbrannte alle Brücken hinter ihm. Der Weg zur Ewigkeit ging jetzt für Gott – wie für die anderen Menschen – nur noch nach vorn. Und das heißt: durch den Tod.

Gott ist diesen Weg gegangen. Er kam zu uns und spricht zu uns: Kommt mit! Freude am Leben: das ist nicht, viel Glück zu haben und vor dem Unglück stets bewahrt zu bleiben. Freude am Leben: das ist, leben wollen, was uns zu leben aufgegeben ist. Daß das möglich ist, hat Gott in Jesus in die Welt gebracht. Und dem war viel zu leben aufgegeben .

Freude

Heilig Abend

Es wird nicht dunkel bleiben über denen, die in Angst sind. Hat er in früherer Zeit in Schmach gebracht das Land Sebulon und das Land Naphthali, so wird er hernach zu Ehren bringen den Weg am Meer, das Land jenseits des Jordan, das Galiläa der Heiden.

Das Volk, das im Finstern wandelt, sieht ein großes Licht, und über denen, die da wohnen im finstern Lande, scheint es hell. Du weckst lauten Jubel, du machst groß die Freude. Vor dir wird man sich freuen, wie man sich freut in der Ernte, wie man fröhlich ist, wenn man Beute austeilt. Denn du hast ihr drükkendes Joch, die Jochstange auf ihrer Schulter und den Stecken ihres Treibers zerbrochen wie am Tage Midians. Denn jeder Stiefel, der mit Gedröhn dahergeht, und jeder Mantel, durch Blut geschleift, wird verbrannt und vom Feuer verzehrt.

Denn uns ist ein Kind geboren, ein Sohn ist uns gegeben, und die Herrschaft ruht auf seiner Schulter; und er heißt Wunder-Rat, Gott-Held, Ewig-Vater, Friede-Fürst; auf daß seine Herrschaft groß werde und des Friedens kein Ende auf dem Thron Davids und in seinem Königreich, daß er's stärke und stütze durch Recht und Gerechtigkeit von nun an bis in Ewigkeit. Solches wird tun der Eifer des Herrn Zebaoth.«

Jesaja 8, 23 und 9, 1–6

Jenseits des Jordan

Sie gingen hin auf namenlosen Wegen
und durch die Weiten einer fremden Welt:
ein Volk im Finstern wandernd, sinnverfehlt
und unbehaust verlorenem Land entgegen;

ins Joch gespanntes und von Treibers Schlägen
entstelltes Leben, früh dem Tod vermählt.
Da hat ein Mund von Hoffnungen erzählt,
die Tag in alle Dunkelheiten legen:

Das Volk im Finstern sieht ein großes Licht,
und heller Schein fällt in die Dunkelheiten,
die auf den Wegen, auf den Weiten sind;

der Schultern Joch, des Treibers Stab zerbricht,
und Freude dringt in alle Traurigkeiten,
wo Gott gefunden wird in einem Kind.

»Es begab sich aber zu der Zeit, daß ein Gebot von dem Kaiser Augustus ausging, daß alle Welt geschätzt würde. Und diese Schätzung war die allererste und geschah zu der Zeit, da Cyrenius Landpfleger in Syrien war. Und jedermann ging, daß er sich schätzen ließe, ein jeglicher in seine Stadt. Da machte sich auf auch Joseph aus Galiläa, aus der Stadt Nazareth, in das jüdische Land zur Stadt Davids, die da heißt Bethlehem, darum daß er von dem Hause und Geschlechte Davids war, auf daß er sich schätzen ließe mit Maria, seinem vertrauten Weibe, die war schwanger. Und als sie daselbst waren, kam die Zeit, daß sie gebären sollte. Und sie gebar ihren ersten Sohn und wickelte ihn in Windeln und legte ihn in eine Krippe; denn sie hatten sonst keinen Raum in der Herberge.

Und es waren Hirten in derselben Gegend auf dem Felde bei den Hürden, die hüteten des Nachts ihre Herde. Und siehe, des Herrn Engel trat zu ihnen, und die Klarheit des Herrn leuchtete um sie; und sie fürchteten sich sehr. Und der Engel sprach zu ihnen: Fürchtet euch nicht! Siehe, ich verkündige euch große Freude, die allem Volk widerfahren wird; denn euch ist heute der Heiland geboren, welcher ist Christus, der Herr, in der Stadt Davids. Und das habt zum Zeichen: Ihr werdet finden das Kind in Windeln gewickelt und in einer Krippe liegen. Und alsbald war da bei dem Engel die Menge der himmlischen Heerscharen, die lobten Gott und sprachen: Ehre sei Gott in der Höhe und Friede auf Erden und den Menschen ein Wohlgefallen.«
Lukas 2, 1–14

Vertrauen

1. Weihnachtstag

Da die Engel von ihnen gen Himmel fuhren, sprachen die Hirten untereinander: Laßt uns nun gehen nach Bethlehem und die Geschichte sehen, die da geschehen ist, die uns der Herr kundgetan hat. Und sie kamen eilend und fanden beide, Maria und Joseph, dazu das Kind in der Krippe liegen. Da sie es aber gesehen hatten, breiteten sie das Wort aus, welches zu ihnen von diesem Kinde gesagt war. Und alle, vor die es kam, wunderten sich der Rede, die ihnen die Hirten gesagt hatten. Maria aber behielt alle diese Worte und bewegte sie in ihrem Herzen. Und die Hirten kehrten wieder um, priesen und lobten Gott um alles, was sie gehört und gesehen hatten, wie denn zu ihnen gesagt war.«
Lukas 2, 15–20

Nach Bethlehem

Ich möchte wie die Hirten auf dich schauen:
zu dir gebeugt an deiner Krippe stehn,
daß meine Augen deine Augen sehn
und, wenn ich weiter muß, darauf vertrauen,

daß dein Gesicht verbannt das stumme Grauen,
mit dem die Zweifel meinen Gang umwehn,
mit dem die Schatten in mir wandern gehn.
So willst du mir geborgne Freiheit bauen:

Du willst mich halten, wenn mich nichts mehr hält,
und mir im Nichts das All zum Erbteil geben.
Du bleibst mein Freund, wenn jeder von mir flieht.

Du willst den Himmel auftun in der Welt
und mein Verrinnen fassen in dein Leben.
Ich warte darauf, Herr, daß es geschieht.

»Kündlich groß ist das gottselige Geheimnis: Er ist offenbart im Fleisch, gerechtfertigt im Geist, erschienen den Engeln, gepredigt den Heiden, geglaubt in der Welt, aufgenommen in die Herrlichkeit.«
1. Timotheus 3, 16

2. Weihnachtstag

Aus der Tiefe der Jahre kommen unsere Wege. Wir haben manches zurücklassen müssen, was wir gern noch bei uns hätten. Und manches nahmen wir am Wege auf, was uns nun Last ist. Aber auch das andere ist wahr: Bedrückendes fiel von uns ab, Befreiendes nahm uns auf.

Wie immer es auch war: es war unser Leben, so oder so. Die Vielfalt der Wege formte es vielfältig aus. Die Vielfalt der Tage umgab es mit Schatten und Licht: Konturen erschienen. Ihre Linien ließen uns meinen, daß sich durch sie ein gültiges Bild entwarf von dem, was uns zu leben aufgegeben sei. Konturen vergingen. Und was zurückblieb, wollte uns nahelegen, daß es ein gültiges Bild von alledem nicht gäbe.

So haben wir Nähe und Ferne erfahren auf unseren Wegen durch die Zeit, die war. Wir wissen, daß Nähe und Ferne auch auf uns warten, wenn wir dann weitergehen auf unseren Wegen durch die Zeit, die kommt.

Alle Erfahrung der Vergangenheit und alles Wissen, daß uns ihr ungreifbares Wechselspiel von Licht und Schatten auch in der Zukunft begleiten wird, trugen wir an die Schwelle dieser Tage. Und nichts deutet darauf hin, daß wir es nicht auch über diese Schwelle und durch die Tage hindurchzutragen haben werden. Die Vergangenheit bleibt uns treu, auch wenn heute Weihnachten ist, auch wenn morgen Weihnachten war. Die Nachricht, daß Gott in Christus als Mensch zu uns Menschen kam, löst unser Leben nicht aus seiner Zeit. Wir bleiben ihr verhaftet bis an unser Ende.

Manchmal, vielleicht, entdecken wir ganz tief in unseren Herzen eine Sehnsucht danach, daß die Wahrheit der Weihnachtsbotschaft, die doch alle welthaften Bedingtheiten des Lebens sprengt, einmal nur zur alles überwältigenden Erfahrung in uns werden könnte. Zu einer Erfahrung, vor der alle andere Erfahrung belanglos wird und im Belanglosen versinkt. Wir möchten dann die tiefe Poesie des Weihnachtsfestes in uns aufnehmen und wirken lassen da, wo wir unser Leben zu Hause wähnen. Daß diese Poesie einmal alles durchdringe, was da in uns sein Wesen hat. Und daß das unablässige Wechselspiel von Licht und Schatten zur Ruhe komme.

Solche Sehnsucht bleibt unerfüllt. Sie bleibt nicht unerfüllt, weil die Vielfalt der Tage endlich doch stärker ist als alle Poesie. Sie bleibt unerfüllt, weil das Ereignis dieser Botschaft gerade nicht die Entweltlichung des umgetriebenen Menschen war, sondern das Zur-Welt-Kommen des unwelthaften Gottes. Nicht der Mensch wurde seiner Geschichte entkleidet, um eine Weile fröhlich zu sein. Gott ging in die Geschichte seiner Menschen ein, um bei ihnen zu sein in Zeit und Ewigkeit, im Umgetriebensein und in der Vollendung.

Weihnachten ist so nicht der Ort, an dem sich unsere Sehnsüchte erfüllen. Dann bliebe alles andere Leben, das uns aufgegeben ist, auf der Strecke. Weihnachten ist der Ort, an dem unser ganzes Leben mit allem, was es ausmacht – und dazu gehören auch die Sehnsüchte –, Bestätigung erfährt als Leben mit

Gott. Die Poesie des Weihnachtsfestes gleicht der des Dramas und nicht der Idylle.

»Da aber die Zeit erfüllt war, sandte Gott seinen Sohn, geboren von einem Weibe und unter das Gesetz getan, auf daß er die, so unter dem Gesetz waren, erlöste, damit wir die Kindschaft empfingen. Weil ihr denn Kinder seid, hat Gott gesandt den Geist seines Sohnes in unsre Herzen, der schreit: Abba, lieber Vater!«
Galater 4, 4–6

Licht

1. Sonntag nach Weihnachten

Das ist die Verkündigung, die wir von ihm gehört haben und euch verkündigen.«

Worte des Johannes am Anfang seines ersten Briefes (1. Johannes 1, 5). Johannes will eine Nachricht weitersagen, etwas, was er gehört hat. Etwas, was er sich nicht selbst ausdachte. Nachricht von Fremdem, Unerhörtem. Das ist die Nachricht von Ihm, die Nachricht, die er weitersagen soll.

». . . daß Gott Licht ist und in ihm ist keine Finsternis« (Vers 5). Ich höre diese Nachricht. Sie macht mir Sorge: Gott hat es gut, denke ich; in ihm ist keine Finsternis. Meine Sorge sagt mir, daß mich alles von dem Gott trennt, den Johannes verkündet: Ich bin nicht im Licht. In mir und um mich ist viel Finsternis. Wenn ich hinabschaue in mein Ich, verdichten sich dort Schatten. Sehe ich um mich, fällt Dunkelheit auf meine Wege. Ich sehne mich nach Licht und kann es in meiner Sehnsucht doch nur ahnen. Meine Sehnsucht schafft mir kein Licht. Gott ist Licht. Ich nicht. In ihm ist keine Finsternis. In mir ist Finsternis die Fülle. Warum sagt mir Johannes von dem Gott, der so ganz anders ist als ich jemals sein kann? Ist der Vollkommene mein Maß, bleibt mir nur Trauer in der Unvergleichbarkeit. Verkündet mir Johannes Gott, damit ich traurig bin?

»Wenn wir sagen, daß wir Gemeinschaft mit ihm haben, und wandeln in der Finsternis, so lügen wir und tun nicht die Wahrheit« (Vers 6).

Daß ich Gemeinschaft mit Gott haben kann durch Christus trotz meines Versagens, war bisher meine Hoffnung. Aber ist mein Versagen nicht gerade die Finsternis, in der ich wandle – die Finsternis, von der Johannes sagt, sie mache mich zum Lügner – die Finsternis, die mich die Wahrheit verfehlen läßt? Kann da noch gelten, daß ich trotz meines Versagens Gemeinschaft mit Gott durch Christus habe, wenn mein Versagen mich von Gott entfernt? Johannes sagt doch, daß ich lüge, wenn ich in der Finsternis wandle. Er sagt, dies habe er von Ihm gehört und auch mir auszurichten.

Was soll die Nachricht des Johannes bei mir wirken? Soll er mich mahnen, mein Versagen zu besiegen, um mit dem Sieg dann aus der Finsternis ins Licht zu treten, wo mir Gemeinschaft mit Gott möglich wird? Die Predigt des Johannes wäre dann für andere Menschen, nicht für mich. Mich hält zuviel in dem, was ich als Dunkel schaffe und erfahre, als daß mein Wollen mich daraus befreien kann. Oder soll mir die Nachricht des Johannes Freude bringen (Vers 4)? Ich meine, Freude bilde sich aus anderem Stoff.

Wie oft schon plante ich für kommende Zeiten, daß aus dem Planen so viel Licht entstünde, wie mir nötig ist, um die Konturen meines Weges in die Zukunft zu erkennen? Und ebenso: Wie oft schon fiel das Dunkel auf den Weg und machte aus Konturen Trugbilder! Wie oft schon wollte ich mit meinem

Wirken anderen ein Nächster sein und wurde es dann doch nicht! Wie oft schon ging ich meinen Weg voran und nahm nicht wahr, daß andere, die mit mir waren, ihren Weg verloren! Ich kenne mich zu gut, um auch nur einen Augenblick zu meinen, der Ruf an mich, aus Dunkelheit ins Licht zu treten, aus dem Versagen ins Bestehen, könnte all dem »wie oft!« ein Ende machen.

»So wir aber im Licht wandeln, wie er im Licht ist, so haben wir Gemeinschaft untereinander, und das Blut Jesu Christi macht uns rein von aller Sünde« (Vers 7).

Johannes sagt: Im Licht wandeln heißt Gemeinschaft untereinander haben. Johannes sagt auch: Wie Gott im Licht ist, so wandeln wir im Licht dann, wenn wir Gemeinschaft untereinander haben. Sehe ich mein Leben an, so erkenne ich, daß alles Dunkel seinen Ursprung hat, wo mein Gemeinschafthaben mit den Menschen anfängt. Weist mich Gott in die Gemeinschaft und nimmt er mich dabei ganz ernst, dann muß er auch mein Dunkel hinnehmen. Oder ist das Dunkel Gottes nicht das Dunkel, das ich bisher meinte? Und ist Gottes Licht etwas ganz anderes als das Licht, das ich bisher beschrieb? Muß ich vom Dunkel und vom Licht neu denken lernen?

Dann sage ich es so: Gemeinschaft haben heißt im Licht sein. Licht ist nicht: alles richtig machen und schuldlos bleiben in der Welt. Dunkel ist nicht Sündersein. Und: Gottes Licht ist nicht Ausdruck seiner überwelthaften Unvergleichlichkeit. Gott ist im Licht, weil er Gemeinschaft mit den Menschen hat, weil er mit ihnen unterwegs ist. Wir wandeln im Licht, wenn wir Gott in seiner Gemeinschaft mit den Menschen nicht allein lassen, wenn wir teilhaben an dieser Gemeinschaft.

Das Dunkel, das mich hält und das mich von der Predigt des Johannes trennen wollte, ist nicht das Dunkel, von dem Johannes spricht. Nicht mein Versagen läßt mich im Dunkel. Im Dunkel bin ich, wenn ich mich versage. Das Licht, in das Johannes mich rufen soll, ist nicht die Größe des Bestehenkönnens. Ich bin im Licht, wenn ich bei den Menschen unterwegs bleibe. Dunkel hat nichts zu tun mit Schuldigwerden. Dunkel ist der Raum abseits der wandernden Gemeinschaft – sogar und gerade wohl der Raum, den Menschen suchen, um sich vor dem Schuldigwerden zu bewahren. Licht ist nicht Tadellosigkeit. Licht ist die Chance ergreifen, in der Gemeinschaft und um der Gemeinschaft willen schuldig zu werden und Sünder zu sein.

Gott bietet dem Sünder an, ihn durch das Blut seines Sohnes Jesus Christus rein zu machen. Nur im Licht kann der Mensch Sünder sein. Nur dem Sünder gilt das Angebot Gottes. Dem Dunkel hat Gott nichts anzubieten.

»So wir sagen, wir haben keine Sünde, so verführen wir uns selbst, und die Wahrheit ist nicht in uns« (Vers 8).

Der Mensch, der sich vor Gott darauf beruft, sündlos zu sein, wird zum eigenen Richter: Er teilt Gott mit, daß er sich der Gemeinschaft entzogen hat und abseits der Gemeinschaft sündlos bleibt. Er hat sich selbst verführt dazu, aus dem Licht des Sünderseins in das Dunkel der reinen Hände zu treten. Hier aber ist er Gott los; denn Gott ist im Licht, bei der Gemeinschaft der Menschen.

»So wir aber unsere Sünden bekennen, so ist er treu und gerecht, daß er uns die Sünden vergibt und reinigt uns von aller Untugend« (Vers 9).

Das Bekenntnis unserer Sünden ist nicht das Eingeständnis leider geschehener Schuld. Es ist die Anerkennung unserer Verantwortung füreinander und daß wir bereit sind, vor Gott für die Konsequenzen unseres Umgangs miteinander einzustehen. Weil Gott uns dafür ins Leben rief, unseres Bruders Hüter zu sein, und weil Gott weiß, daß wir uns dabei die Hände und auch wohl noch etwas mehr schmutzig machen, läßt er uns wissen, daß er bei uns bleibt und kein Versagen uns von ihm entfernt.

»So wir sagen, wir haben nicht gesündigt, so machen wir ihn zum Lügner, und sein Wort ist nicht in uns« (Vers 10).

Wir können die Erfüllung unseres Menschseins nicht in der Sündlosigkeit suchen, die Gott zum Lügner macht, weil er seine Verheißung an uns an andere Ziele band. Johannes sagt uns dieses Fremde, Unerhörte, daß Gott uns Menschen in der Gemeinschaft miteinander die Chance gibt, getroste Sünder zu sein. Das hat Johannes von ihm gehört. Das hat er sich nicht ausgedacht. Das sagt er weiter.

Raum

Altjahrsabend

Christen gedenken der Heilstaten Gottes im Gang des Kirchenjahres. Der Altjahrsabend ist dabei nur eine Garbe späterer Ernte. Aber auch sonst kann dieser Tag in seiner Bedeutung für uns Menschen nur vorsichtig bestimmt werden: Er markiert im weiten Weltenraum den Ort, an dem unsere Erde – zum wievielten Male wohl! – den alten Lauf um die Sonne beendet, um einen neuen zu beginnen. So hat die regelmäßige Bewegung unseres Planeten, die auch die Jahreszeiten mit sich bringt, bei den kalendarischen Übereinkünften der Menschen in der Bestimmung, daß dies der letzte Tag des Jahres sei, ihren zweckmäßigen Niederschlag gefunden. Wir wissen, daß jeder andere Tag des Jahres dem gleichen Zweck mit gleichem Angebot zur Verfügung stünde. Die Menschen haben sich aber – keineswegs schon immer und durchaus nicht alle – just diesen Tag herausgesucht, um an ihm das Jahr zu Ende gehen zu lassen.

So sitzen wir nun da an diesem Altjahrsabend wie an so vielen anderen schon. Wir finden, daß er einen Anspruch darauf hat, daß wir von ihm Notiz nehmen, wie wir dies auch bei anderem Nennenswerten tun. Unsere Empfindungen legen uns nahe, nach diesem Jahr, wie immer es auch war, so etwas wie eine Bestandsaufnahme zu machen: daß wir alles, was wichtig war, noch einmal durch die wägende Erinnerung gleiten lassen – einfach nur so, weil dies seinen Wert in sich selber hat. Oder weil es uns Aufschluß geben kann über das, was war, um dem, was kommt, mit wissender Erfahrung zu begegnen. Aber da sind auch andere Regungen in uns: Sie wollen von alledem nichts wissen. Sie erinnern uns daran, daß dieser Tag ein Tag wie jeder andere ist, und meinen, der Zufall des Kalenders sei doch zu belanglos, um uns auf das Ritual der Jahres-Bilanz verpflichten zu können.

Wir spüren, daß dieser Widerstreit in uns eine Auseinandersetzung anzeigt, die auch sonst vieles von unserem Leben ausmacht: Das empfindende Ich und das kritische Ich leben in Spannung miteinander und können sich nur selten einigen. Und wie immer wir uns auch an diesem Tag entscheiden: der Widerstreit bleibt uns treu. Wir spüren, wie tief wir den benennbaren Daten unseres Lebens verhaftet sind. Und wir wissen zugleich, daß alle Daten austauschbar bleiben gegen andere.

Die Geschichte hat unser ganzes Wesen so in sich hineinverwoben, daß wir sehr bluten würden, wenn wir uns aus ihr lösten. Die Übereinkünfte der Menschen – der Altjahrsabend ist eine solche Übereinkunft, ähnlich wie Moral und Ideale – sind Teile unserer Geschichte und damit unseres eigenen Wesens. Das kritische Ich erinnert uns daran, daß alles um uns auch ganz anders sein könnte. Aber welche Zuständigkeit räumen wir unserem kritischen Ich ein? Die, daß es uns davor bewahrt, menschliche Übereinkünfte für ewige Normen zu halten? Die, daß es uns die Tür öffnet und offen hält in den Raum da draußen, der anders ist und unendlich viel weiter als der, der uns umfängt? Oder erlauben wir unserem kritischen Ich, die Wände unseres Raumes einzureißen, weil deren Formen und Substanz aus Übereinkünften bestehen, die auf die Frage nach ihrer Notwendigkeit die letzte Antwort schuldig bleiben? Und willigen wir drein, den grenzenlosen Raum, der so um uns entsteht, auf Weisung unseres kritischen Ich als Freiheit anzunehmen?

Das ist nun nicht mehr eine Frage des Datums auf dem Kalenderblatt. Ich brauche meinen Raum. Und ich brauche auch das Andere, unendlich Weitere, das doch nur anders und unendlich weiter ist für mich, wenn ich es durch die offene Tür meines Raumes sehe, der mich umgibt. Seine vertrauten Konturen geben meinen Gedanken Ausdruck für das, was gelten kann, wenn mir mein Leben – wie etwa an diesem Altjahrsabend – durch die Sinne geht und mich fragt, wie alles war und ist und weitergehen soll. Und durch die offene Tür sehe ich auch den anderen, weiteren Raum da draußen, der eine Gestalt hat und zu mir hereinblickt. Ich erfahre dabei eine Herausforderung, seine Konturen und die Konturen meines Raumes zu vergleichen und zu erwägen, ob bei mir alles denn beim alten bleiben kann.

So mag der Beter des 90. Psalms in seinem Raum gesessen haben, dessen Wände ihre Gestalt erhalten hatten durch das, was Übereinkünfte und Erfahrungen zustande bringen können. Diese Übereinkünfte und Erfahrungen ließ er nicht zum letzten Ausdruck seines Menschenlebens werden. Er setzte sein kritisches Ich ein, die Tür seines Raumes zu öffnen, um die Deutung seines Lebens der Enge und Bedingtheit dieses Raumes zu entziehen. Und als die Tür offenstand, sah er hinaus in den ganz anderen, unendlich weiteren Raum. Und aus dem anderen Raum sah es zurück zu ihm. Da betete er diese Worte:

»Herrgott, du bis unsere Zuflucht für und für.
Ehe denn die Berge wurden
und die Erde und die Welt geschaffen wurden,
bist du, Gott, von Ewigkeit zu Ewigkeit,
der du die Menschen lässest sterben und sprichst:
Kommt wieder, Menschenkinder!
Denn tausend Jahre sind vor dir wie der Tag,
der gestern vergangen ist, und wie eine Nachtwache.
Du lässest sie dahinfahren wie einen Strom;
sie sind wie ein Schlaf, gleichwie ein Gras,
das doch bald welk wird,
das da frühe blüht und bald welk wird
und des Abends abgehauen wird und verdorrt.
Das macht dein Zorn, daß wir so vergehen,
und dein Grimm, daß wir so plötzlich dahinmüssen.
Denn unsere Missetaten stellst du vor dich,
unsere unerkannte Sünde ins Licht
vor deinem Angesicht.
Darum fahren alle unsere Tage dahin
durch deinen Zorn,
wir bringen unsere Jahre zu wie ein Geschwätz.
Unser Leben währet siebzig Jahre,
und wenn's hochkommt, so sind's achtzig Jahre,
und wenn's köstlich gewesen ist,
so ist es Mühe und Arbeit gewesen;
denn es fähret schnell dahin, als flögen wir davon.
Wer glaubt aber, daß du so sehr zürnst,
und wer fürchtet sich vor solchem deinem Grimm?
Lehre uns bedenken, daß wir sterben müssen,
auf daß wir klug werden.« (Psalm 90, 1–12)

Wenn ich hinausblicke aus meinem Raum in den anderen, unendlich weiteren Raum da draußen, erkenne ich vieles von dem wieder, was der Beter des 90. Psalms sah. Und dann geschieht es immer wieder, daß ein Mensch aus jenem Raum durch die Tür zu mir kommt in meinen Raum. Ich kenne ihn. Sein Bild hängt an meiner Wand. Die menschliche Übereinkunft hat sich seiner schon vor zweitausend Jahren angenommen. Er spricht zu mir. Er läßt mir meinen Raum. Und auch sein Bild an meiner Wand läßt er hängen. Aber wenn er bei mir ist und zu mir spricht, kann ich hinaussehen aus meinem Raum, nicht nur durch die Tür, die offensteht. Auch durch die Wände. Er zeigt mir, wo ich mit meinem Raum den Ort habe, jetzt und in Ewigkeit. In der Welt, in der ich Angst habe und die er überwunden hat. Und in der anderen ohne Angst. Sein Gruß beim Kommen und beim Gehen ist derselbe: »Sei getrost!«

Auf das alte Jahr

Du gabst mir dieses Jahr, Herr. Nun versanken
die Schatten mit dem Licht. Ich sehe an,
was mir entgleitet und auf seiner Bahn
davonträgt meine Worte und Gedanken,

mein stilles Warten, meines Glaubens Schwanken,
was ich erfuhr und anderen angetan,
die Träume, die ich heimlich mir ersann
und die mein Dasein unruhvoll durchranken.

So wurde aus dem Jahr, das du gegeben,
ein Teil von mir und meiner eigenen Frist.
Es kehrt nicht um, wenn seine Zeit nun endet,

und nimmt, was ich ihm gab, dahin: Mein Leben
vergeht. Bewahr es, Herr, in Jesus Christ,
der aller Jahre Lauf zum Ewgen wendet.

Zeit

Neujahr

Ein neues Jahr also, eines von den siebzig oder, wenn es hochkommt, achtzig Jahren unseres Lebens nach den bekannten Worten des 90. Psalms. Kommende Zeit: kurz genug, um absehbar, zu lang, um noch berechenbar zu sein.

Hier und da sind schon Daten in die Weite des neuen Jahres eingestreut, Fluchtpunkte, die ihm vielleicht einmal so etwas wie eine eigene Perspektive geben könnten. Linien wiederkehrender Abläufe deuten sich an. Sie lassen uns erkennen, daß das neue Jahr so neu gar nicht in allem sein wird. Zudem: Wir haben längst Entscheidungen getroffen, die uns nicht nur in diesem neuen Jahr an alte Tage binden. Und: Wir haben erfahren, erkannt, empfunden, geliebt, versagt, gewonnen, gehofft, gedacht, geträumt, geglaubt, gezweifelt; wir haben gelebt. Dieses ganze Leben ist am ersten Tag des neuen Jahres da und meldet seinen Anspruch an auf das, was kommen soll. Wie wenig Neues bleibt dem neuen Jahr, wenn wir das Fortwirken vergangener Zeiten in ihm ganz bedenken! Unsere Routine im Umgang mit dem, was bisher unser Leben ausmachte, bedeutet Zuversicht, auch für das Kommende, da wir in ihm so viel Gewohntem begegnen werden.

Und doch ein neues Jahr. Geben wir heute in die vor uns liegenden Stunden und Tage bis zum Ende des gerade begonnenen Jahres alles, was wir aus den vergangenen Stunden und Tagen mitbringen und hinübertragen in das neue Jahr: Es bleiben manche Zwischenräume leer, denen das Kommende selber erst Inhalt geben muß.

Dann wird es oft so sein, daß uns das Neue bald vertraut erscheint, weil es hineinpaßt in bekannte Bilder. Doch oft genug auch werden wir mit unserer Erfahrung vor dem Überraschenden stehen und erkennen, daß es so anders aussieht als alles bisher und in bewährte Modelle nicht zu fügen ist. Plötzlich wirken Kräfte in unser Leben hinein, benennbare und namenlose.

Sie bestimmen die Zwischenräume und haben Macht, auch noch das von uns Mitgebrachte zu verändern. Was eben noch unser vertrautes Leben war, nimmt neue, fremde Züge an, die auch die bleibenden uns fremd erscheinen lassen.

Solange wir leben und Zeit haben, sind wir dem Neuen, Fremden ausgesetzt. Keine Planung, kein Entwurf und keine Sorge kann uns dagegen sichern. Die nächste Stunde schon, erst recht der nächste Tag sind offen für das jetzt noch Unwägbare. Wie viele Stunden, wie viele Tage müssen wir durchmessen, ehe das neue Jahr ganz abgeschlossen ist! Chancen genug für jene dunklen Kräfte, die in und außer uns, benennbar oder nicht, auf ihre Stunde warten! Chancen genug zum Guten wie zum Bösen.

Vielfältige Erfahrung gibt uns schon heute die Gewißheit, daß uns auch das neue Jahr in der Spannung zwischen Gewohntem und Unerhörtem halten wird. Wir sind dabei fortwährend einer doppelten Versuchung ausgesetzt. Entweder verharren wir im Gewohnten, auch wenn uns das Unerhörte zu neuem Aufbruch drängt. Oder wir erliegen dem Unerhörten und liefern uns so allem aus, was aus bisher unerfahrener Wirklichkeit in unsere Tage dringt. Wenn wir unser Leben als menschliches Leben durchhalten wollen, geht unser Weg zwischen Resignation und Faszination mitten hindurch. Und dieser Weg ist darauf angelegt, daß wir die vieldeutige Wirklichkeit dessen, was uns zu leben aufgegeben ist, hinnehmen und in diese Vieldeutigkeit hinein unsere Wege in die Zukunft abstecken.

Wieviel Gelassenheit ist not, um die Versuchung zu bestehen und durchzuhalten, worauf man angelegt ist! Wie wenig wirken unsere Tage in uns Gelassenheit! Wie anders ist das alles als das Leben, das wir gestalteten, wenn wir allein es zu gestalten hätten!

Der Mensch, der vor Jahrtausenden die Worte betete: »Meine Zeit, Herr, steht in deinen Händen« (Psalm 31, 16), sprach aus, daß sich ihm jenseits aller welthaften Lebenserfahrung, die ihm seine Vergänglichkeit bestätigte, die Dimension des Ewigen aufgetan hatte. In diese Dimension des Ewigen fand er sich hineingenommen. Und all die unzähligen Vergänglichkeiten seiner sonst erfahrbaren Welt wurden ihm Zeichen dafür, daß er Zeit hatte. Nicht nur mit jedem neuen Vergangenen verlorene Gegenwart. Sondern Zeit, die Gegenwart, Vergangenheit und Zukunft bedeutet. Die Dimension des Ewigen bestätigte ihm, daß Vergangenes unwiederholbar ist, daß Gegenwart nur hat, wer sie bejaht, daß Zukunft niemals vom Vergehen aufgezehrt werden kann. Der Mensch hat Zeit. Das ist viel mehr als Stunden, Tage, Jahre haben. Das ist, von keiner Uhr zerstörbar, in Ewigkeit auf Leben eingestellt zu sein.

»Meine Zeit, Herr, steht in deinen Händen.« Auch das neue Jahr hat schon begonnen, alt zu werden. Die Tage dieses Jahres, heute noch Zukunft, morgen Gegenwart und am Tage danach Vergangenheit, sind gezählt. Und eines Tages ist die Zahl verbraucht. Wir wissen es. Wir müssen aber hindurchloten durch dieses Wissen in die Tiefen unserer Seele, dorthin, wo sich unser Grundverhältnis zu unserem Leben formt. Wir müssen ausmachen, ob dieses Grundverhältnis bestimmt ist dadurch, daß wir das Leben immer nur als Kette von Vergehendem erfahren haben. Oder ob diese Erfahrung, an der niemand vorbeikommt, eingebettet ist in die ganz andere, daß Gott sich uns mitgeteilt hat als Herr aller Zeit, in dessen Händen wir auch unsere Zeit geborgen sehen. Dann hält uns dieses neue Jahr, was immer es uns sonst noch bringen mag, nicht nur vergehende Zukunft bereit. Es zeigt uns durch alles Vergehen hindurch das Abbild ewiger Zukunft.

II
Nicht allein

Rätsel

Menschen haben Fragen an das Leben. Je dichter die Erfahrung wird, daß manches auch ganz anders sein könnte zum Guten wie zum Schlimmen, desto drängender wird das Verlangen nach Erkenntnis. So haben Menschen viele Fragen an das Leben. Aber wenn diese Fragen nicht nur ergründen wollen, wie es zu dem kam, was die Menschen bewegt – wenn sie dem nachspüren, warum es geschah, um Sinn zu finden in den Zusammenhängen, dann gehen sie immer über das Leben hinaus. Das Leben ist es zwar, das erfahren wird und das die Menschen immer wieder fragen läßt. Antwort auf die Frage nach dem Sinn gibt das Leben aber nicht.

Und doch versuchen Menschen, ihre Fragen so zu stellen, als könnte ihnen das Leben solche Antwort geben. Sie gliedern die Ereignisse nach Ursachen und Wirkungen und hoffen dabei – oft ganz unbewußt –, daß schließlich dabei auch benennbar wird, was das Leben ausmacht und seine Fragwürdigkeiten hervorbringt. Diese Hoffnung bleibt immer unerfüllt: Unsere Möglichkeiten, nach Ursachen und Wirkungen zu fragen und dann zu folgern, wie eins sich aus dem anderen ergab, erschließen uns nicht den Sinn. Und doch tragen wir in uns das Verlangen, die Zusammenhänge zu erkennen und aus dieser Erkenntnis auf den Sinn dessen zu schließen, was uns betroffen macht. Wenn das Leben so mit uns umgeht, daß uns Gefügtes zerbricht oder Zerbrochenes sich wieder fügt; wenn wir weitergehen müssen, aber der Weg vor uns plötzlich im Dunkel liegt; wenn sich Ausweglosigkeiten öffnen; wenn sich das Unerwartete oder das alles Verändernde ereignet: dann suchen wir nach dem Grund und fragen, wie sich Zusammenhänge zum Sinn verdichten.

So gleichen Ursachen und Wirkungen, die wir erkennen können, in unserem Empfinden oft den Namen im Märchen: Wer die Namen kennt, beherrscht die Wesen, die die Namen tragen. Nur wer die Namen nicht kennt, muß sich vor den Wesen fürchten. So fragen Menschen wie unter einem Zwang aus allem, was sie betroffen macht, nicht nur die Zusammenhänge heraus. Sie halten die Zusammenhänge zugleich auch für die Namen der Ereignisse. Und sie wollen diese Namen kennen, damit sich ihnen der Ereignisse Wesen und Sinn erschließt. Und dann scheint ihnen alles nicht mehr so namenlos fremd und bedrohlich.

Aber ganz tief im Innern spüren wir, wenn wir wirklich betroffen sind, daß jenseits aller unserer Erkenntnis von Zusammenhängen eine Unendlichkeit im Dunkel bleibt, die anders ist als alles, was unserem Fragen Antwort sein kann. Aus dieser Unendlichkeit erhält alles erst seinen Sinn oder – wenn sie leer wäre – die Bestätigung, daß alles sinnlos ist, auch wenn es sich uns als noch so einsichtiger Zusammenhang ausgewiesen hätte. Diese Unendlichkeit dahinter wird bedrohlicher empfunden als die Ereignisse selbst, die Menschen oft so unruhig werden lassen: Die Menschen haben Furcht, sich mit der Anerkennung der Unendlichkeit dahinter eingestehen zu müssen, daß sie an ein Leben ausgeliefert sind, das immer rätselhafter wird, je mehr es sie beansprucht. Und das ist wohl auch der Grund dafür, daß sie die Ursachen offenlegen wollen: Sie möchten sich selber sagen, daß sie auch gut ohne die Unendlichkeit dahinter auskommen können. So hoffen sie, auch ihre Furcht zu bannen. Vielleicht gelingt es sogar immer wieder, die Unendlichkeit dahinter eine Weile mit der Scheinmauer unserer Einsicht in die Zusammenhänge den Augen zu entziehen. Weil aber die wirklichen Rätsel des Lebens in Ursachen und Wirkungen nicht aufgehen, läßt sich die Unendlichkeit dahinter auch nicht auf diese Weise erledigen. Einmal kommt die Stunde, in der die Scheinmauer nicht länger verbergen kann, daß wir uns der Unendlichkeit dahinter stellen müssen. Dann holt uns alles wieder ein, was wir loswerden wollten durch unser Fragen und die allemal unzureichenden Antworten. Dann holt uns auch die Furcht wieder ein, in einem Leben aushalten zu müssen, das unseren Augen und Sinnen sein Geheimnis vorenthält.

Aber es ist ja gar nicht das Leben, das uns sein Geheimnis vorenthalten oder offenbaren könnte. Es ist die Unendlichkeit hinter dem Leben, die es mit dem Geheimnis umgibt.

In all diesem geht es dem Christen nicht anders als dem Nichtchristen. Auch der Christ hat nicht den Schlüssel in der Hand, der ihm das Tor in das Geheimnis der Unendlichkeit aufschließt. Auch der Christ kann nicht mit gültigen Sätzen beschreiben, wie sich Zusammenhänge des Lebens zum letzten Sinn verdichten. Denn auch der Christ schaut Gott nicht über die Schulter, wenn er den Weltenplan je neu entwirft und allem Leben darin seinen Platz gibt.

Aber der Christ kann sich an das Wort des Apostels Paulus erinnern: »Gott hat uns nicht gegeben den Geist der Furcht, sondern der Kraft und der Liebe und der Zucht« (2. Timotheus 1, 7). Und weil er sich an dieses Wort und andere mehr erinnern kann, treibt es ihn nicht, die Scheinmauer vor der Unendlichkeit dahinter aufzurichten. Er kann die Furcht zurücklassen und ganz darauf vertrauen, daß ihn der Geist der Kraft und der Liebe und der Zucht hindurchträgt durch dieses preisgegebene Leben. Er kann gelassen hinnehmen, daß die Rätsel seines Lebens für ihn Rätsel bleiben. Und er widersteht der urmenschlichen Versuchung, den Lebenssinn zu beschreiben. Er weiß, daß seine Frömmigkeit hier keinen Auftrag hat. Der Christ glaubt seinen Herrn bei sich auch dann, wenn ihn das Leben umtreibt. Das ist ihm hier genug. Der Christ weiß aber auch, daß sein Herr ihm das Geheimnis und damit den Sinn seines Lebens entbergen wird, wenn er einmal aus dem Glauben in das Schauen tritt. Der Christ blickt in alledem auf das Bild des Herrn, der einstmals selbst – ebenso wie er heute – die Zumutung durchwandern mußte, ein Mensch zu sein. Und der nichts hatte als den Geist, der ihn gewiß sein ließ, daß Gottes Licht auch seines Weges Dunkel einmal hell macht.

Weisheit

Hüte dich, mein Sohn, vor anderen mehr; denn viel Büchermachens ist kein Ende, und viel Studieren macht den Leib müde.«

So lauten die Worte unmittelbar vor den beiden Schlußversen im Buch des Predigers Salomo (Prediger Salomo 12, 12). Wie denn, möchte man fragen, solche Klage vor Jahrtausenden, lange vor der Erfindung der Buchdruckerkunst? Aber da stehen diese Worte, als wären sie heute geschrieben und denen zur Warnung, die meinen, aus der Menge der gelesenen Bücher müsse die Fülle von Einsicht und Erkenntnis folgen. Der Prediger Salomo hält nichts von solcher Meinung: Viel Studieren macht den Leib müde, sagt er. Und wenn er vom Leib spricht, denkt er dabei an den ganzen Menschen. Spricht er vom Müdewerden, sieht er die Lebenskraft vergehen.

Der Sohn, zu dem er spricht, ist der junge Mensch, dem es um die Wahrheit seines Lebens geht: Dieser Wahrheit möchte er nachspüren und dabei den Sinn seines Lebens begreifen. Die Wissenschaften, die er kennen muß, um in seinem Beruf bestehen zu können, die Fertigkeiten, die er lernen muß, um sich und seiner Umwelt nützlich zu sein, gehören nicht zum Thema des Predigers Salomo. Ihm geht es allein um die Weisheit. Und dabei will er nur gelten lassen, was dauernden Bestand hat. Wissenschaften und Fertigkeiten nennt er »eitel und Haschen nach Wind«, weil sie ihm wie alles sonst auch nur Belanglosigkeiten am Wege des vergehenden Lebens sind. Und schließlich ist für den Prediger Salomo sogar die Weisheit selbst »eitel und Haschen nach Wind«, da ja auch sie nichts zum Leben hinzutun kann. »Was hat ein Weiser mehr als ein Narr?« (Kapitel 6, 8), fragt der Prediger und gibt mit dieser Frage zugleich seine Antwort.

Jahrtausende sind seitdem vergangen. Manche Erwägungen des Predigers über Sinn und Bestand des menschlichen Lebens spiegeln so sehr das Denken und Empfinden seiner Zeit wider, daß sie uns auch nur noch als Zeugnis längst vergangenen Denkens und Empfindens angehen können. Unserem Leben und unserer Suche nach seinem Sinn sagen diese Erwägungen nichts mehr.

Einiges aber hat der Prediger in seiner Zeit ausgesprochen, was über sie und alle kommenden hinweg so unmittelbar in unsere Zeit hineinspricht, als sei es heute gesagt. Ein Beispiel lasen wir zu Anfang. Andere lassen sich hinzufügen. »Was ist es, das geschehen ist? Eben das hernach geschehen wird. Was ist es, das man getan hat? Eben das man hernach wieder tun wird. Es geschieht nichts Neues unter der Sonne« (Kapitel 1, 9). Und: »Wo viel Weisheit ist, da ist viel Grämens; und wer viel lernt, der muß viel leiden« (Kapitel 1, 18). Geradezu bestürzend modern klingt der Vers: »Es geht dem Menschen wie dem Vieh: Wie dies stirbt, so stirbt er auch. Sie haben alle denselben Atem. Der Mensch hat nichts mehr als das Vieh . . . Es fährt alles an *einen* Ort; es ist alles von Staub gemacht und wird wieder zu Staub« (Kapitel 3, 19–20). Zu solchen Ergebnissen kommt unser

Denken, wenn es allein auf sich angewiesen ist und die Vergänglichkeit ernst nimmt.

So begleitet die Worte des Predigers Salomo trotz aller Entschiedenheit, das Leben auszuleben, solange es noch geht, ein Zug tiefer Melancholie. Nur manchmal, wenn er dem Willen Gottes nachsinnt, geht eine Ahnung von Hoffnung durch die Resignation. Aber man hat den Eindruck, daß er mit dieser Ahnung schließlich doch nichts anzufangen weiß.

Sein Weg, der alle Welt durchläuft, kehrt zurück zum Kind. Wenn alle Mühe und Erkenntnis »eitel ist und Haschen nach Wind«, dann steht das Kind der Wahrheit nicht ferner als der alt gewordene Mensch; denn dieser hat dem Kind ja nur die Vergeblichkeit voraus: »Ein armes Kind, das weise ist, ist besser als ein alter König, der ein Narr ist« (Kapitel 3, 13). Der Prediger Salomo konnte die Antwort auf die Frage nicht kennen, worin der Sinn menschlichen Lebens liegen könne, wo es doch dem Vergehen ebenso ausgesetzt ist wie das der Tiere. Er konnte aber Zeugnis geben für die Wahrheit unseres Lebens, daß alles Mühen, den Fluchtpunkt dieses vergänglichen Lebens zu bestimmen, vergängliches Mühen ist. Und dieses Zeugnis hat er gegeben.

Die Antwort kam später in die Welt. Sie stand nicht am Ende bemühten Sinnens. Sie wurde erfahren als eine Mitteilung desselben Gottes, von dem der Prediger Salomo nur in ahnendem Hoffen sprechen konnte. Diese Mitteilung sagt dem Menschen, daß sein rastloses Leben, das er durchwandert als eine Straße der Vergänglichkeit, bei Gott, und das heißt in Ewigkeit, geliebtes Leben ist. Damals sprach Jesus: »Ich preise dich, Vater und Herr des Himmels und der Erde, daß du solches den Weisen und Klugen verborgen hast und hast es den Unmündigen offenbart. Ja, Vater, denn so ist es wohlgefällig vor dir gewesen.« Und dann sagt er noch: »Kommt her zu mir alle, die ihr mühselig und beladen seid; ich will euch erquicken« (Matthäus 12, 25–28). Und damit meinte er wohl auch den Prediger Salomo und die Verzagten aller Tage.

Einsamkeit

Wer verwundet ist, fühlt Schmerz. Er kann sich nur selten von sich selbst lösen und in seinen Wunden und Schmerzen ein Wirken erkennen, das ihn wohl trifft, aber nicht selber meint.

Die Geschichte der Menschheit ist von solchem Wirken begleitet. Es erweist seine Macht in allen Generationen und in diesen täglich neu. Es trifft die Menschen, wie es die Menschen traf zuvor und treffen wird in allen kommenden Zeiten. Der, den es trifft, sieht kaum dieses Wirken; er sieht vor allem sein Betroffensein, das ihm Verwundung und Schmerz bedeutet.

Verwundungen und Schmerz trennen uns von den Menschen ringsum. Mit dem Glück ist es nicht anders. Je tiefer wir unser Leben empfinden, desto fremder wird uns die Welt, die um uns her so weiterlebt, als gingen sie unsere Empfindungen nichts an. Selbst dann noch, wenn uns Glück oder Unglück gemeinsam mit anderen begegnet, umhüllt uns, was wir dabei empfinden, so, als hätte es recht eigentlich nur mit uns etwas zu tun.

Betroffenheit macht einsam, so oder so. Mit den Augen der Einsamkeit sehen wir die Menschen um uns her zu fernen Schemen werden. Mancher versucht, die Kluft zu überbrücken und sich mitzuteilen. Wem es gelingt, verstanden zu werden und dann noch dieses Verstandenwordensein beim andern zu erfahren, gewinnt Gesellschaft in der Einsamkeit.

Die Einsamkeit wird er damit nicht los. Das liegt nicht daran, daß ihn der andere immer noch zu wenig versteht und damit ihn allein läßt, trotz allem. Es liegt daran, daß wahrhaftes Unglück ebensowenig übertragbar ist wie wahrhaftes Glück. In beidem erleben wir die Wahrheit unseres Lebens: daß es vergängliches Leben ist. Das Leben der anderen ist ebenso vergänglich. Sie müssen diese Wahrheit aber an sich selbst, an ihrem Unglück und an ihrem Glück, erfahren. Glück und Unglück haben ihre Bilder. Das Kind, geborgen in den Armen der Mutter, ist ein solches Bild des Glücks. Endgültiger Abschied zwischen Menschen, die sich lieben, ist solch ein Bild des Unglücks. Wenn diese Bilder ineinander übergehen, wenn das Kind aus der Geborgenheit fortgeht, hinein in sein eigenes Leben, verändert sich unsere Welt. Und wer ein Kind nicht nur dem Leben, sondern dem Tod hingeben muß, weiß es: Bei solchem Abschied fließen die Konturen vollends ineinander, die vorher in uns Tod und Leben schieden. So ist es gut, wenn wir vor unseren Kindern sterben. Wo es anders ist, muß der Mensch und auch sein Glaube elende Straßen gehen.

Vielen Eltern dehnt sich der Abschied von ihren Kindern zu einer Prozession der Bitterkeiten: Jeder Tag fügt alten Verwundungen und Schmerzen neue hinzu. Wer diesen Weg mit seinen Kindern gehen muß, auf dem er seine Liebe arm werden sieht an Widerständen, die ihm sinnlos und undankbar erscheinen, hat selten Kraft, darin ein Wirken zu erkennen, das ihn wohl trifft, aber nicht selber meint. Er ist so tief verstrickt in seine eigenen Rätsel, daß er daran, ob er sie lösen kann, das Urteil über sein Leben hängen sieht. Den Kindern, die diesen Weg mitgehen, bleiben Schmerzen und Verwundungen ebensowenig erspart wie ihren Eltern. Und beide, Eltern und Kinder, verletzen einander im Sog von Angst und Vorwurf und sehen nichts als sich und ihr Verhängnis, daß der andere so anders ist als sie ihn brauchten. Eltern und Kinder, die solche Wege miteinander gehen, finden am Rande viele Bilder, die ihren Wünschen gleichen, während die Wirklichkeit, die sie umgibt, unendlich fremd ist. Der Vergleich ist der Tod der Liebe. Und nirgendwo wird mehr verglichen als bei dieser Prozession der Bitterkeiten.

Der Prophet Maleachi steht mit seinen drei Kapiteln am Ende des Alten Testaments. Seine letzten Worte lauten: »Siehe, ich will euch senden den Propheten Elia, ehe denn da komme der große und schreckliche Tag des Herrn. Der soll das Herz der Väter bekehren zu den Kindern und das Herz der Kinder zu ihren Vätern, daß ich nicht komme und das Erdreich mit dem Bann schlage« (3, 23–24).

Alles Leid und alle Not, die Menschen von sich selbst und voneinander und von dem trennt, was diese Erde Gottes sein soll, findet er wieder in dem Abgewendetsein der Väter von den Kindern und der Kinder von den Vätern. Die Menschen, die dies als das Unglück ihres Lebens erfahren haben – damals und durch die Zeiten bis heute –, erkannten kaum die Wirkungen, denen sie ausgesetzt waren als Eltern und als Kinder. Sie sahen und sie sehen meist nur sich und fragen ratlos, warum sie leiden müssen. Das Wort des Propheten legt diese Wirkungen bloß und deutet sie als Urkonflikt, dem wenige nur entrinnen.

So hat er denn auch keinen Aufruf an die Menschen auszurichten, sich aufzumachen und den Konflikt zu überwinden. Er kündet an, daß Gott es selbst tun wird, die Väter und die Kinder einander zuzuwenden, bevor er die Geschichte in die Schranken fordert. Bis dahin bleiben wir im Konflikt. Das Wort des Maleachi läßt uns ahnen, wie wenig Bosheit ist, wo wir oft soviel Bosheit am Werke sehen – wieviel Verhängnis, in dem vertrauend auszuhalten unser Teil ist.

Verlorenheit

Es war einmal ein kleiner Pfennig. Der kleine Pfennig war rund und blank und freute sich sehr darüber, daß er da war. »Wie schön es ist, ein kleiner Pfennig zu sein«, sagte der kleine Pfennig, »wie viele Menschen werde ich kennenlernen, und alle werden sich freuen, wenn sie mich besitzen.« Der kleine Pfennig wußte noch nicht, daß sich die Menschen um einen kleinen Pfennig kaum kümmern. Ja daß die meisten Menschen nicht einmal wissen, ob sie einen kleinen Pfennig in der Tasche haben oder nicht.

Schon wenige Tage, nachdem der kleine Pfennig in die Welt gekommen war, kam er zu solch einem Menschen. Der Mensch kümmerte sich gar nicht darum, daß er den kleinen Pfennig in seiner Tasche trug. Und da hatte der Mensch den kleinen Pfennig plötzlich verloren, weil man das sehr leicht verliert, worum man sich nicht kümmert.

Der kleine Pfennig, den der Mensch aus seiner Tasche verloren hatte, lag im Schmutz. Und der kleine Pfennig war nun nur noch rund, aber nicht mehr blank. Die Menschen traten auf dem kleinen Pfennig herum. »Es ist doch nicht schön, ein kleiner Pfennig zu sein«, sagte der kleine Pfennig, »denn keiner kümmert sich um mich, und ich liege hier im Schmutz.« Und er dachte viel darüber nach, ob es nicht besser für ihn wäre, wenn er nie die Welt gesehen hätte.

Eines Tages spürte der kleine Pfennig, daß ihn jemand anfaßte. Und er sah, daß ein Junge ihn aufgehoben hatte. Der Junge versuchte, den kleinen Pfennig blankzureiben. »Den kann ich gut gebrauchen«, sprach der Junge. Da freute sich der kleine Pfennig und sagte: »Jetzt wird doch noch alles gut werden, denn der Junge wird sich gewiß um mich kümmern.« Der Junge lief mit dem kleinen Pfennig zu seinen Freunden. Die Freunde hatten auch Pfennige und ließen sie um die Wette rollen. Und wessen Pfennig am weitesten rollte, der gewann sie alle. Der kleine Pfennig ging von Hand zu Hand und mußte immerfort rollen. »Ich bin doch nicht als Kinderspielzeug in die Welt gekommen«, sagte der kleine Pfennig, »wissen denn die Jungen nicht, wozu ich da bin?« Aber die Kinder hörten nicht, was der kleine Pfennig sagte, sondern ließen ihn rollen und rollen.

Eines Tages hielt ein Junge den kleinen Pfennig in der Hand und sagte: »Du bist nicht mehr rund, alter Pfennig, und du kannst nicht mehr richtig rollen. Du bist nichts mehr wert!« Und der Junge warf den kleinen Pfennig einfach weg, als wäre er wirklich nichts mehr wert.

Der kleine Pfennig lag angeschlagen und stumpf auf der Erde. Und die Menschen traten ihn wieder mit ihren Füßen. Da sagte der kleine Pfennig: »Ich bin nichts mehr wert. Wäre ich doch nie ein kleiner Pfennig geworden.«

Der kleine Pfennig wußte nicht, daß immer einer unterwegs ist, der ihn aufheben und sich freuen wird, wenn er den verlorenen, getretenen, geschundenen, weggeworfenen kleinen Pfennig findet. Einer, der sich um ihn kümmert.

»Wie ein Hirte seine Schafe sucht, wenn sie von seiner Herde verirrt sind, also will ich meine Schafe suchen und will sie erretten von allen Orten, dahin sie zerstreut waren zur Zeit, als es trüb und finster war. Ich will das Verlorene wieder suchen und das Verirrte wiederbringen und das Verwundete verbinden und das Schwache stärken.«
Hesekiel 34, 12. 16a

Bedrängnis

Bedrängnisse tragen viele Namen. Dem Bedrängten sind sie vertraut. Oder sie suchen ihn heim und wollen sich nur zögernd benennen lassen.

Mit den vertrauten Namen lernt der Bedrängte umzugehen, wenn sie für ihn buchstabierbar werden und keine unbekannten Drohungen verbergen. Ihr Wirken tut wohl weh und kostet Kraft. Wenn aber im Leben des Bedrängten auch noch anderes da ist, um den Verlust durch Zuwendungen auszugleichen, kann er dem Wirken der bekannten Namen Grenzen setzen. Und es ist wohl oft in unserem Menschendasein so, daß befreiende Elemente die bedrängenden in ihre Schranken weisen. Dann können die Bedrängnisse nicht Macht gewinnen, ringsum nur zu versklaven und zu zerstören. Gewiß, Bedrängnisse sind überall am Werk, wo Menschen sind. Doch die Befreiungen sind es im allgemeinen auch – und nicht geringer.

Bedrängnisse, die sich nur zögernd benennen lassen wollen, umfluten die Seele mit lautlosem Lärm. Er durchdringt die Schichten, die die Seele schützen sollen, und vibriert in ihren Kammern. Immer und gerade dann, wenn es draußen still wird, empfindet die Seele des Bedrängten den lautlosen Lärm in sich als unruhigen und ruheraubenden Schmerz. Dieser Schmerz besetzt die ganze Gegenwart des Menschen und will nicht zulassen, daß anderes neben ihm Platz hat. Er stellt sich dem entgegen, was lindern möchte:

all den Gedanken, Bildern und Erinnerungen, die dem Bedrängten sagen könnten, daß sein Leben nicht in Bedrängnissen aufgeht.

Der Bedrängte mag sich befehlen, alle Kraft aufzubringen, um seine Seele den Fluten des lautlosen Lärms zu entreißen, weil er ihr Ruhe geben will im Vergessen der Bedrängnis und in der Besinnung auf erlebte oder nur erträumte Freude. So möchte er vielleicht auch Schlaf finden und damit Abstand. Aber die Fluten reißen seine Kraft mit sich fort – nicht immer, aber viel zu oft – und tosen nur noch hemmungsloser in den Kammern seiner Seele. Sie ziehen seine Phantasie in sich hinein und spülen sie durch Angst und Schuld und Scham. Dann werfen sie das ungestalte Ding dorthin, wo seine Augen Halt und Weg suchen. Was er dort sieht, leiht der Bedrängnis neue Chancen. Und manchmal wird sie dabei für ihn namenlos.

In namenlosen Bedrängnissen droht die Seele zu versinken, wenn der Mensch sie nicht ausschütten kann wie einen Krug. Aber wer kann das schon! Und wohin soll er es schütten, daß es nicht mehr zurückkehrt? Namenlose Bedrängnisse decken mit ihren Fluten die Seele zu. Man kann einen Krug im tiefen Wasser umdrehen. Ausschütten kann man ihn da nicht. Vielleicht kann man auch einen Krug aus tiefem Wasser heben, wenn eigene oder fremde Kraft es möglich macht. Fällt er zurück, weil er da oben nicht gehalten werden kann, muß er sich wieder füllen wie zuvor.

Wen die bedrängenden Fluten zugedeckt haben, ist der Tiefe verhaftet. Seine Seele gleicht dem Krug im Wasser. Die Menschen über den Fluten, die seiner Seele eine kleine Weile Luft verschaffen konnten, müssen sie zurückgeben in die Tiefe. Denn sie gehört zu ihm da unten in den Fluten. Und in der Tiefe wird es wie zuvor: Bleibt die Bedrängnis namenlos, bleibt auch die Seele in den Fluten versunken. Andere Menschen können etwas dazu tun, daß Bedrängnisse Namen bekommen oder sogar von dem Bedrängten weichen. Bleiben sie dies dem Bedrängten schuldig oder ist es wirklich nicht in ihrer Macht, dann bleibt der Mensch mit seiner Seele in der Tiefe und in den Fluten der Hoffnungsferne.

Der Mensch da unten in der Tiefe sehnt sich danach, seine Seele auszuschütten und vor den Fluten ringsum zu bewahren. Bleibt diese Sehnsucht dauernd unerfüllt, wirft ihm Verzweiflung den Mantel um die Schultern. Und der sitzt fest da unten in der Tiefe. Manche erinnern sich dabei an Gott. Aber Gott zaubert nicht. Weder Gottes Allmacht noch Gottes Liebe verändern die Lebensbedingungen, die dem Bedrängten Not machen. Seine Schmerzen, sein Mangel, sein Versagen, seine Schuld, Angst, Ratlosigkeit und Sehnsucht gehören zu ihm. Sie machen sein Leben ebenso aus wie anderes, das er nicht missen möchte. Wie könnte Gott, wenn er es mit dem Menschen gut meint, die Bedrängnisse abtun, als wären sie launige Belanglosigkeiten, die mit dem Wesen des Bedrängten nichts zu schaffen haben! Gott ist den anderen Weg gegangen, um zu helfen. Nicht den des Zauberers, der die Welt nicht ernst nimmt und die Menschen für beliebig machbar hält. Gott ging den Weg, der ihn zum Menschen bringt, wo immer der sich findet. Seit Golgatha wissen wir, daß dieser Weg auch in die letzten Tiefen führt. Und immer, wenn Verzweiflung den Mantel um die Schultern eines Bedrängten wirft, dann spricht der Christus neben ihm sein Wort vom Kreuz: »Mein Gott, warum hast du mich verlassen?«

»Schüttet euer Herz vor Gott aus; denn er ist unsere Zuversicht« (Psalm 62, 9). Der Bedrängte in der Tiefe ist nicht allein da unten. Bei ihm ist Gott und fängt alles in seinen Händen auf, was des Bedrängten Herz vor ihm ausschütten kann. Und Gottes Allmacht ebenso wie Gottes Liebe vermögen dann, was der Bedrängte nicht vermag und auch kein anderer Mensch für ihn: Gott bewahrt den Bedrängten davor, daß sich wieder nur die alten Fluten in sein Herz ergießen. Er füllt mit Zuversicht, was zuvor voll Verzagen war. Und diese Zuversicht zeigt dem Bedrängten an, daß auch dort unten in der Tiefe Leben möglich ist.

Dies ist es, was den Psalmisten beten läßt: »Meine Seele ist stille zu Gott, der mir hilft. Denn er ist mein Hort, meine Hilfe, mein Schutz, daß mich kein Fall stürzen wird, wie groß er ist« (Psalm 62, 2–3). Er weiß, daß Gott nicht den Fall verhindert. Aber weil Gott auch im tiefsten Fall den Menschen nicht verläßt, wirft den Fallenden kein Fall ins gottverlassene Nichts.

Allem, was ihn bedrängt, gilt die angstvolle Frage des Psalmisten: »Wie lange stellt ihr alle *einem* nach – wie einer überhängenden Wand und wie einer zerborstenen Mauer?« (Vers 4). Und er gibt sich selbst die ganz andere Antwort: »Aber sei nur stille zu Gott, meine Seele; denn er ist meine Hoffnung« (Vers 6). Daß diese Hoffnung unzerstörbar wahr ist, das mußte er sich aber auch erst sagen lassen.

Gedanken

Gedanken gehen über alle Grenzen. Sie wandern zurück in längst vergangene Tage, zu den Dingen und den Menschen, die einmal um uns waren. Sie tasten sich in kommende Zeiten und wollen das Bild der Zukunft ahnen. Sie suchen andere Menschen – im Zimmer nebenan, im Haus gegenüber, in fernen Ländern. Sie loten hinab in das eigene Wesen, das selbst bis in die Tiefe von Grenzen durchzogen ist; sie wollen ergründen und uns erzählen, wer wir denn eigentlich sind. Gedanken durchdringen die Welt, das Leben und das Sterben, die Freude und die Sorge, Glück, Schicksal, Schuld und Leid. Gedanken lösen alle Grenzen auf, die unser Leben tagein, tagaus bestimmen. Gedanken sind Urbild der Freiheit.

Gedanken können nicht nur über alle Grenzen unseres Lebens gehen. Sie können uns auch über diese Grenzen hinwegtragen. Der einsame, der gefangene, der leidende Mensch kann durch die Kraft der Gedanken ihre Enge aufreißen und seine arm gewordene Welt als Reichtum annehmen. Dem anderen, der nur das sieht, was vor Augen ist: Einsamkeit, Gefangenschaft und Leiden, bedeutet solch ein Reichtum Illusion. Als sei Reichtum des Lebens nur Folge glücklicher Umstände und nicht vor allem Widerschein dessen, was die Seele sieht. So können Gedanken nicht nur Grenzen überwinden, sondern auch Kräfte dazu wecken und befreien, in Zumutungen tapfer zu bestehen.

Gedanken schaffen aber auch Grenzen, die wir ohne sie nicht hätten. Ihr Gang in die Weite von Raum und Zeit, in die Tiefe unseres eigenen Wesens kehrt dorthin zurück, wo wir sind mit unseren Möglichkeiten und Grenzen. Sie teilen uns ihre grenzenlosen Erfahrungen mit und lassen uns dadurch unsere Bedingtheiten nur noch enger erleben. Wir empfinden durch unsere Gedanken die Kluft zwischen unserer Wirklichkeit und der ganz unwirklichen, aber doch ausdenkbaren Welt unserer Gedanken. Aus dem Empfinden der Kluft wird der Vergleich. Und dabei schneidet unsere Wirklichkeit meist schlecht ab. Denn die Gedanken sprechen zu uns auf verschiedene Weise. Bringen sie von ihrem Gang Visionen von Freude und Erfüllung mit, dann sagen sie uns, wie weit entfernt von Freude und Erfüllung unsere Wirklichkeit sich findet. Tragen sie aber Ahnungen von Sorge und Scheitern zu uns zurück, dann lassen sie uns wissen, wie dicht unsere Wirklichkeit an Sorge und Scheitern angesiedelt ist. Gedanken schaffen Grenzen, die wir ohne sie nicht hätten, weil sie die Schönheiten unseres Lebens blaß, seine Chancen dürftig und seine Gefährdungen entmutigend erscheinen lassen.

So erfahren Menschen ihre Fähigkeit, Gedanken in die Grenzenlosigkeit zu senden, als befreiende Chance oder als bedrückende Last. Meistens bleiben wir zwischen beiden Erfahrungen stehen. Keiner von uns kann sich aber vornehmen, wie seine Gedanken auf ihn wirken sollen. Wir beherrschen sie nicht. Wir können mit ihnen umgehen, sie aussenden, ihnen zuhören. Oft genug gehen sie aber auch ohne unseren Willen ihren Weg und sprechen zu uns, wenn wir wünschten, daß sie schwiegen. Dann gehen sie mit uns um. Wir beherrschen sie nicht.

Die Fähigkeit zum Gedanken ist gewaltiger, als daß sie von allen anderen Fähigkeiten in uns bewältigt werden könnte. Tatsächlich verhält sich ihre Kraft ganz unangemessen zu unseren anderen Kräften. Es ist, als ragte in unser menschliches Leben mit der Fähigkeit zum Gedanken die Dimension einer Welt hinein, in der die Grenzen und Bedingtheiten unserer erfahrbaren Welt nicht gelten: einer Welt ohne Raum und Zeit, in der auch unsere eigene Tiefe offen vor uns liegt. Und mit dieser ganz anderen Dimension müssen wir leben. Wie kann es anders sein, als daß unsere Gedanken und die Wirklichkeit unserer Welt einander zutiefst fremd bleiben.

»Meine Gedanken sind nicht eure Gedanken, und eure Wege sind nicht meine Wege, spricht der Herr; sondern soviel der Himmel höher ist als die Erde, so sind auch meine Wege höher als eure Wege und meine Gedanken als eure Gedanken« (Jesaja 55, 8–9). Mit der Fähigkeit zum Gedanken hat der Mensch teil an einer Welt, die ohne Grenzen ist. Diese Fähigkeit bedeutet für ihn in seiner Welt Unruhe zur Sorge und zur Freiheit. Sie bedeutet aber auch für ihn Hinweis auf jene Welt, in der diese Fähigkeit allererst an ihr Ziel kommt. Das ist der Himmel, der soviel höher ist als die Erde. Der Prophet Jesaja sagt, daß auch Gott Gedanken hat. Aber Gottes Gedanken begegnen nicht dem Widerspruch zwischen den Grenzen seiner Wirklichkeit und der Grenzenlosigkeit seiner Gedanken. In Gottes grenzenloser Wirklichkeit erscheint auch unsere enge Welt und unser bedingtes Leben. Sie erscheinen dort aber von ihrer ewigen Bestimmung her, die Gott setzt, und nicht von den vergänglichen Zuständen, die wir beschreiben. Unsere Fähigkeit zum Gedanken, diese ganz unirdische Fähigkeit, erinnert uns daran, daß wir auf dem Wege sind zum Ziel, zu unserer Bestimmung, in der sich die Kluft zwischen Wirklichkeit und Gedanken schließt. Auf dem Wege dorthin muß uns das Angeld genügen, das darin besteht, daß wir zum Gedanken fähig sind, obgleich doch diese Fähigkeit die Vollendung voraussetzt.

Der Prophet Jeremia (Kapitel 29, 11) berichtet Gottes Wort: »Ich weiß wohl, was ich für Gedanken über euch habe: Gedanken des Friedens und nicht des Leides, daß ich euch gebe das Ende, des ihr wartet.« Und Gottes Friede ist dann auch unendlich höher, als unsere Gedanken es jemals fassen könnten.

Enge

Manchmal im Leben werden die Wege enger. Dann laufen Zäune auf uns zu. Sie nehmen unseren Füßen Raum. Wohl gehen wir weiter. Auch wenn wir bleiben möchten. Oder lieber noch: zurück. Wir gehen weiter, weil jeder neue Tag uns in alte Pflicht nimmt. Aber unsere Schritte sind begleitet von einem immer dichter drängenden Wissen: Sie bringen uns an einen Ort, wo alle Zäune ineinanderlaufen und unser Weg dann ohne Ausweg ist.

Wir sehen Menschen um uns her, erfahren auch, wie sie geschäftig ihren Tag verrichten. Es sind dieselben Menschen wie gestern und am Tag zuvor: zuviel um Fröhlichkeit bemühte Wesen, will uns scheinen. Und Fremde, die uns immer fremder werden. Die Selbstverständlichkeiten, mit denen sie leben, sind nicht mehr unsere. Unser Leben hat viel an Selbstverständlichkeit verloren. Durch gläserne Hüllen erleben wir die Welt.

Diese Not kann viele Väter haben. Oftmals kennen wir sie und können sie bei ihrem Namen nennen. Andere bleiben namenlos. Immer aber spüren wir ihr Wirken, das um unsere Seele Geröll anhäuft. Wir tragen es weiter, weil es uns dazu zwingt und Macht hat, zu verhindern, daß wir es von uns werfen. Dieses Geröll ist ein bedrohlicher Stoff. Es hält alle Wärme von uns fern, die von dem kommen könnte, was uns gut will – alle Wärme, die uns Vertrauen zum Leben geben kann. Aber es läßt alle Kälte durch, die uns vorantreibt in die Ausweglosigkeit, damit wir dort erfrieren. So erfahren wir das Leben als Feind: Es macht uns Not.

Zeiten der Bedrückung schieben sich in jedes Menschenleben. Sie fragen nicht nach Alter oder den Gegebenheiten in uns oder um uns her. Mancher will Vorsorge dagegen treffen und schafft sich eine Welt, in der die Heimsuchungen keinen Raum haben. Er stellt Truggötter an den Weg, die aller Bedrückung wehren sollen, damit er selbst unangefochten gehen kann. Es ist der Traum vom Sternenweg, der sie erträumt und sie begaben will mit aller Macht des Himmels und der Erde. Aber die Truggötter sind nicht Gott. Sie sind durch alle Zeiten in wechselnden Gewändern Wahrer der Illusion, daß Menschen Licht haben können ohne Finsternis, daß Freude ohne Leiden gelebt werden kann. Gott aber wahrt durch alle Zeiten für uns die Wahrheit, daß unser Leben gutes Leben bleibt, auch wenn die Wege einmal enger werden. Zu Gott spricht der Beter im 31. Psalm:

»Herr, auf dich vertraue ich!
Laß mich in Ewigkeit nicht zu Schanden werden,
errette mich durch deine Gerechtigkeit.
Neige deine Ohren zu mir; eile, mir zu helfen.
Sei mir ein bergender Fels, eine Burg,
mich zu erretten.
Ja, du bist mein Fels und meine Burg!
Um deines Namens willen führst und leitest du mich.
Du reißt mich aus dem Netz,
das sie mir aufgestellt haben;
denn du bist meine Stärke.

In deine Hand befehle ich meinen Geist.
Du hast mich erlöst, Herr, du treuer Gott.
Die da Truggötter verehren, sind mir leid.
Ich aber verlasse mich auf den Herrn.
Ich freue mich und bin fröhlich in deiner Güte,
der du mein Elend ansiehst,
meine Seele in ihrer Bedrängnis erkennst
und mich der Hand des Feindes nicht preisgibst.
Du stellst meine Füße auf weiten Raum.«

Auch der Beter dieses Psalms mußte seinen Weg zu Ende gehen. Keinen Augenblick erliegt er der Illusion, daß sein Elend gar kein Elend und seine Bedrängnis keine Bedrängnis sei. Aber er weiß, daß Gott seine Seele in ihrer Bedrängnis erkennt – daß Gott ihn nicht aufgibt und der Feind über ihn verfügen kann. Deswegen ist er auch auf seinem eng gewordenen Weg froh.

Er befiehlt seinen Weg, den mühseligen und beladenen Weg, in den Zäune drängen bis zur Ausweglosigkeit, Gott an und geht dann diesen Weg getrost weiter. Keine Enge ist so eng und keine Ausweglosigkeit so ausweglos, daß Gott nicht neben ihm Platz hätte, um seine Füße dennoch auf weiten Raum zu stellen: Geborgenheit in der Bedrängnis.

Menschenleben

Menschenleben ereignet sich im Meßbaren. Geburt und Tod bestimmen dem Maß die Grenzen, jenseits derer es nichts mehr zu messen gibt. Der Zollstock des Lebens trägt Tage und Stunden als Markierungen. Kein Mensch geht auch nur einen Schritt, der nicht ebenso meßbar wie beschreibbar wäre. Selbst das Verborgene, das niemand kennt als nur der Mensch, der es verborgen hält, läßt sich beschreiben.

Raum und Zeit schaffen Szenen und Konturen; Ursachen und Wirkungen geben in sie hinein Bewegung. So wird Menschenleben beschrieben: bewegtes und bewegendes Bild in Szenen.

Weil der Mensch sich auslernen will bis auf den Grund, greift er in die Tiefe der Seele, des Geistes, des Glaubens, des intimsten Menschseins überhaupt, und ordnet, was ihm dabei in die Hände fällt, dem zu, was er begreift: dem Raum, der Zeit, den Ursachen und Wirkungen. In Szenen und Bewegungen beschreibt er alles Leben und ruht nicht, bis es im so Beschriebenen auch aufgeht und nichts mehr birgt, was nicht beschrieben werden kann. Kommt er zum Ziel, liegt alles Leben ihm als Summe seiner Tage offen. Und alle seine Tage wie auch ihre Summe erschließen sich ihm in plausibler Beschreibung.

Kaum ein Mensch ist davon frei, das Leben gerade da, wo es ihm wunderlich erscheint, aus den durchschaubaren Zusammenhängen des Normalen heraus zu deuten. Und nichts im Menschenleben ist so anders, daß Menschen nicht zu wissen meinen, warum es denn so ist. Tatsächlich ist das Normale nicht normaler als das Wunderliche und das Wunderliche nicht wunderlicher als das Normale: Leben ist beschreibbare Bewegung in Szenen; und wunderlich findet nur, wem die Betroffenheit das Urteil dafür verdunkelt, daß ihm auch als Betroffenem nur Normales widerfährt. Die Menschen um ihn, und meistens auch er selbst, sind darum bemüht, das Wunderliche als Normales zu erhellen.

Jede Begegnung mit seinem Leben läßt den Menschen erfahren, daß er endlich und vergänglich ist: wie Raum und Zeit, die Szenen und Konturen schaffen; wie Ursachen und Wirkungen, die in sie die Bewegung geben. So erweist sich ihm das Normale als normal, weil es wie er endlich und vergänglich ist. Dem Normalen fühlt sich der Mensch verwandt. Die Ewigkeit bleibt der Verwandtschaft fremd. So wie alles, was nicht abgeleitet werden kann aus Szene und Bewegung.

Und doch ist Menschenleben etwas anderes als die Summe seiner Tage. Und jeder Tag im Leben ist mehr, als die Markierung seiner Stunden anzeigt und so gemessen und beschrieben werden kann. Menschenleben ist Geheimnis, das hindurchgetragen wird durch Raum und Zeit, durch Ursachen und Wirkungen.

Tag um Tag gehen Menschen durch die beschreibbaren Endlichkeiten und haben keinen Namen für das, was sie bei jedem Schritt begleitet: das Ahnen einer anderen Wirklichkeit, die Szenen und Bewegungen ungreifbar zwar, doch allgegenwärtig durchdringt. Sie hebt nicht auf, was Raum und Zeit bestimmen; sie macht nicht Ursachen und Wirkungen beziehungslos. Sie ist nicht das Wunderliche neben Normalem. Sie dringt hindurch und läßt die Szenen und Bewegungen durchsichtig werden für Dimensionen, die Zeit und Raum und Ursachen und Wirkungen umfangen.

Dieses Ahnen einer anderen Wirklichkeit schwingt mit, auch wenn der Mensch sich tief in Szenen und Bewegungen verstrickte, so tief, daß er in ihnen gänzlich aufzugehen meint. Es schwingt mit; und der verstrickte Mensch gibt dem Empfinden Ausdruck, indem er es bekämpft, als wäre es eine kränkende Erinnerung aus dunkleren Epochen.

In Szenen und Bewegungen vollzieht sich hantierbares Sein. Hier kann der Mensch verfügen; nicht immer und nicht völlig, aber auch nicht grundsätzlich beschränkt. Gäbe es jene Dimension der anderen Wirklichkeit in seinem Leben nicht, wären Modelle unfehlbaren Seins aussichtsreich.

Der Mensch muß sich täglich in Szenen und Bewegungen seinen Weg suchen, muß täglich auf Szenen und Bewegungen gestaltend und verändernd wirken. Daraus kann er sich nicht lösen, es sei denn, er gibt sich gänzlich fremdem Wollen preis. Der Mensch lebt aber auch mit der Ahnung, daß sein hantierbares Sein durchdrungen und umfangen ist von einer anderen Wirklichkeit. Diese hebt die Regeln von Szenen und Bewegungen nicht auf. Aber sie trägt sie ein in das Geheimnis des ganzen Menschenlebens. Und da sind Raum und Zeit, sind Ursachen und Wirkungen Aspekte und nicht Normen.

Der Mensch lebt im Konflikt: Er muß seine Lebensgestaltung wollen und zugleich ahnend erkennen, daß ihm die begreifbaren Regeln das Ganze seines Lebens nicht erschließen. Will er den Konflikt los werden, muß er sich des einen oder anderen entledigen. Dann werden ihm die Regeln zur Religion. Oder er macht Religion zu seiner Regel. Das Leben verändert er damit nicht: Szenen und Bewegungen bleiben gültig, werden nicht abgetan im Kontext der umfassenderen Dimensionen. Sie setzen aber auch die andere Wirklichkeit nicht außer Kraft, die Leben erst ganz zu sich kommen läßt. Geraten Regeln und Religion zu Gegensätzen und zu Methoden gegenseitiger Nichtanerkennung, dann zeigen sie den Menschen auf der Flucht vor dem Konflikt, in dem er aushalten muß, will er sein Leben nicht verarmen. In Zeit und Raum, in Ursachen und Wirkungen das Leben zu gestalten und sich dabei auf Dimensionen einzulassen, die er wohl ahnen, nicht begreifen kann, die anders wirklich sind, doch nicht geringer, ist Aufgabe des Menschseins. Dies gilt allen Menschen; denn die Bedingungen des Menschseins sind nicht teilbar.

Wer sich aufgemacht hat, als Christ seinen Weg zu gehen, wird es nicht bedingungslos tun können. Der Konflikt bleibt ihm nicht nur nicht erspart; er muß ihn vielmehr bis auf den Grund ausleben. Paulus schreibt an die Gemeinde in Philippi:

»Schafft, daß ihr selig werdet mit Furcht und Zittern. Denn Gott ist es, der in euch wirkt beides, das Wollen und Vollbringen, nach seinem Wohlgefallen.«
Philipper 2, 12–13

Auch der Apostel weist die Christen ganz in die Daseinsgestaltung und nimmt dabei auch die Seligkeit nicht aus. Wenn Seligkeit gelungenes Leben in Zeit und Ewigkeit bedeutet, dann sind »Furcht und Zittern« wohl angemessener Ausdruck für die Reaktion des Menschen auf eine solche Herausforderung; in Szenen und Bewegungen soll der Christ Ziel und Sinn seines Lebens Ereignis werden lassen. Daneben steht das andere: die unverfügbare Dimension, die Szenen und Bewegungen umfängt und sie vollendet. Paulus fordert die Christen auf, hier Gott am Werk zu sehen, der das Werk des Menschen nicht aus seiner Ewigkeit heraus abtut wie ein Nebelbild. Gott ist es, der das Wollen und Vollbringen gültig macht, indem er es bestätigt und zum Ziel bringt, Aspekt des Lebens und nicht Norm zu sein. Mit diesem Leben und mit diesem Gott haben es Christen zu tun.

Lächeln

Es war einmal ein kleines Lächeln. Das hatte Gott der Herr am vierten Schöpfungstage aus dem ersten Sonnenstrahl und dem ersten Tautropfen geschaffen, als Ebenbild des Lächelns auf seinem eigenen Angesicht. Und Gott der Herr betrachtete das kleine Lächeln mit Wohlgefallen. Und er sprach: »Ich will dich in meine Welt hineingeben, kleines Lächeln, damit ein Abglanz meines Angesichts auf ihr liege.«

Und Gott der Herr sah an alles, was er geschaffen hatte: das Licht und die Finsternis, das Meer und die Erde, das Gras, das Kraut und die Bäume, die Sonne, den Mond und die Sterne. Und er dachte nach, wohin er wohl das kleine Lächeln geben könne. Aber sosehr er auch dachte und ausprobierte: den richtigen Platz für das kleine Lächeln konnte er nicht finden.

Da sprach Gott der Herr: »Ich will lebendige Wesen schaffen, die überall hingehen können und sich vermehren. Auf deren Angesicht will ich das kleine Lächeln geben, damit es über die ganze Welt verbreitet werde.« Und Gott der Herr ließ das Wasser sich regen mit lebenden und webenden Tieren. Und Vögel schuf er, die da fliegen unter dem Himmel. Und Gott der Herr sah an alle Fische und Vögel. Aber den richtigen Platz für das kleine Lächeln fand er bei ihnen nicht.

Da ließ Gott der Herr die Erde hervorbringen

Vieh und Gewürm und auch die wilden Tiere. Aber als er das kleine Lächeln den Tieren auf ihre Gesichter legte, da gefiel es ihm weder bei der Kreuzotter noch bei der Kuh, und auch nicht beim Löwen und beim Igel, überhaupt bei keiner Kreatur, die er geschaffen hatte. »Es geht nicht, nein, es geht nicht«, sagte Gott der Herr ein Mal um das andere, wenn er das kleine Lächeln auf dem Gesicht eines seiner Tiere sah.

Da sprach Gott der Herr: »Es wird nicht anders gehen. Ich habe das kleine Lächeln als Ebenbild des Lächelns auf meinem eigenen Angesicht geschaffen. Nun kann ich es nur einem solchen Wesen geben, das ich mir selbst zum Ebenbild geschaffen habe.« Und Gott der Herr sprach: »Ich will Menschen machen. Ihr Bild soll mir gleichen.« Und Gott der Herr schuf den Menschen nach seinem Bilde und gab ihm Macht über alle Kreatur. Und Gott der Herr legte das kleine Lächeln auf das Gesicht des Menschen, damit er sähe, ob es dort einen guten Platz habe. Und Gott der Herr sah, daß es gut war.

Und Gott der Herr schenkte dem Angesicht des Menschen das kleine Lächeln und sprach zum Menschen: »Ich habe dich nach meinem Bilde geschaffen und dir Macht gegeben über alle Kreatur. Und ich habe deinem Angesicht das kleine Lächeln geschenkt, das ein Ebenbild des Lächelns auf meinem Angesicht ist. Und ich habe gesehen, daß es gut ist. Auf deinem Angesicht ist das Lächeln schön, weil du von mir Macht hast, über alle Kreatur zu herrschen. Denn der, der Macht hat, der muß lächeln können.«

Und der Mensch bedankte sich bei Gott dem Herrn und sagte ihm, daß er nun nach Hause gehen könne. Denn er, der Mensch, habe mit der Macht und mit dem Lächeln alles, was er brauche. Und Gott der Herr sah auf das Gesicht des Menschen. Da war aus dem kleinen Lächeln ein Grinsen geworden.

Aber Gott der Herr beschloß, den Menschen leben zu lassen. Denn Gott der Herr hat Humor.

Warten

Ein leises, meist ganz unbestimmtes Warten begleitet uns. In der Tiefe unserer Seele ist es lebendig und durchdringt die Vielfalt unserer Tage auf geheimnisvolle Weise. Kein Augenblick ist so ganz nur Gegenwart, daß dieses rätselhafte Warten ihn nicht öffnete für Kommendes. Stunden der Liebe und des Glücks, des Erfolges und der Erfüllung wie auch die dunklen Stunden, die viele Namen haben können, umfangen unser Dasein nie ganz. Immer erschließt das Warten auf etwas, das wir nicht benennen können, das Heute auf das Morgen hin. Wir wissen nicht, wann es begonnen hat. Aber wir ahnen, daß erst die Stunde, die unserem Leben alle Ziele weist, mit diesem Leben auch dem Warten seine Grenze setzt.

Dies macht das Warten aus: Kein Augenblick unseres Lebens vergeht, in dem nicht längst Vergangenes am Werke wäre. Aber es vergeht eben auch kein Augenblick, in dem nicht Künftiges sich geltend machte. Und manchmal scheint es so, als griffe das Unerledigte, Nicht-zu-Ende-Gekommene vergangener Zeiten über den Tag hinaus in das, was kommen soll, um seine Forderung an unser Leben wachzuhalten. Wer hinablotet in die eigene Geschichte, wird unschwer solche Verknüpfungen freilegen können. Wir tragen sie alle in uns. Das Geheimnis des Wartens wird dadurch nicht entschleiert: Das Warten hört nicht auf, auch wenn wir wirklich einmal meinen sollten, das letzte Rätsel unseres Lebens sei gelöst.

Es ist, als seien unsere Seelen alten Städten vergleichbar. Durch die Straßen bewegt sich das tägliche Leben. Und in den Häusern geht es seinen gewohnten Gang. Die Übereinkunft der Bürger sorgt dafür, daß jedermann weiß, woran er ist und was unter den Menschen gelten soll. Sie alle leben ihr Leben in den gefügten Normen des Gemeinwesens. Kein Tag vergeht, an dem nicht die Erfahrungen der Geschichte und die Pläne der Zukunft hineinwirkten in seinen Lauf.

Auf den Mauern rings um die Stadt stehen Wächter. Sie warten darauf, daß etwas geschieht, das anders ist als das Gewohnte und wichtig genug, den Menschen kundgetan zu werden. Die Menschen in der Stadt wissen, daß auf den Mauern Wächter stehen und rechnen mit ihrem Zuruf. Aber dieses Wissen und Rechnen hält sich gewöhnlich unter der Schwelle des Bewußtseins auf: Alles wäre anders in der Stadt, wenn es die Wächter nicht gäbe oder wenn die Menschen nichts von ihnen wüßten. Die Angst, dem Ungewohnten überraschend zu begegnen, hielte die Menschen Tag und Nacht gefangen.

Wir sind diesen alten Städten ähnlich; denn unser Leben geht durch seine Tage mit ihrer Stetigkeit doch nur, weil es vom Warten rings umgeben ist. Dies Warten macht uns sensibel für das Nahen von Ungewohntem; es gibt uns die Fähigkeit, dem Ungewohnten zu begegnen. Und wie oft ist diese Fähigkeit am Werk, um uns vor Schaden zu bewahren!

Im 127. Psalm (Vers 1 und 2) begegnen uns Gedanken, die um das Bild der Stadt kreisen und in deren Mittelpunkt der Mensch steht, dessen Warten zum Sorgen geworden ist: »Wo der Herr nicht das Haus baut, da arbeiten umsonst, die daran bauen. Wo der Herr nicht die Stadt behütet, da wacht der Wächter umsonst. Es ist umsonst, daß ihr früh aufsteht und hernach lange sitzt und eßt euer Brot mit Sorgen; denn seinen Freunden gibt er es, wenn sie schlafen.«

Da sind sie also, die Häuser, in denen wir wohnen – ohne allen Zweifel von Menschenhänden gebaut. Und da sind die Städte, in denen wir leben – ebenso ohne Zweifel von Menschen gegründet und im Laufe der Zeit gewachsen. Und die Mauern sind auch da mit ihren Türmen und Wächtern. Was ist dabei nicht Menschenwerk? Aber der Psalm sagt: »Wo der Herr nicht das Haus baut . . .« und: »Wo der Herr nicht die Stadt bewacht . . .« Natürlich wußte der erste Beter dieses Psalms vor Jahrtausenden ebensogut wie wir heute, daß um uns herum kein Stein auf dem anderen stünde, wenn nicht Menschen sie aufgeschichtet hätten.

Aber er sah in allem mehr als die aufeinandergelegten Steine unserer Häuser und Städte. Er sah ihren Zweck, daß sie dem Menschen dienen sollen, und wußte, daß alles Menschenwerk seinen Zweck verfehlt, wenn es nicht immer neu dem anvertraut wird, der allem seinen Zweck anweist. Und dann sah er die Menschen in ihren Städten und Häusern. Wie sie, dem Zwang verfallen, alles selbst bewirken zu müssen, die Zwecke ihres Daseins täglich neu besorgen. Die Fähigkeit des Wartens, die der Schöpfer seinen Menschen mitgegeben hat, um sie im Unerwarteten bestehen zu lassen, verkehrt sich so in die

Last der Sorge. Und die macht blind. Sie macht blind für das Kommen des Unerwarteten, weil dessen Mannigfaltigkeit immer größer sein wird als die Phantasie der Sorge. Sie macht aber auch blind dafür, daß in allem – gerade im Unerwarteten – der gegenwärtig ist, der unserem Leben dauernden Bestand gibt, auch wenn uns Mauern nicht mehr schützen können.

»Seinen Freunden gibt er es, wenn sie schlafen.« Der Herr gibt Ruhe denen, die sich ihm anvertrauen. In ihrer Ruhe gehen sie als Wartende durch ihre Tage und durch ihre Nächte. Wenn sie dann schlafen, und das heißt, wenn alle Sorge nichts mehr wirken kann, erweist er sich als Freund, der über ihnen wacht und auch noch morgen ihnen nahe ist.

Mittagsgedanken

Der Tag steht auf der Höhe.
Er wendet sich zum Tal.
Jetzt hüllt des Lichtes Nähe
das Leben überall
und macht, als wollten rasten
die Stunden im Zenit,
eh sie sich talwärts tasten
und Zeit um Zeit verglüht.

Vor dir, Herr aller Zeiten,
will ich nun schweigend stehn,
durch die Vergänglichkeiten
auf deine Liebe sehn,
die du mit jeder Stunde
auch dieses Tags mir schenkst,
und hören ihre Kunde,
daß du mein Leben lenkst.

Auch wenn einmal die letzte
aus meiner Stunden Zahl
den Schritt verloren setzte
ins unermess'ne Tal,
wirst du mich nicht verlassen:
Geborgen im Vergehn
kann meine Hand dich fassen,
wo Glauben wird zum Sehn.

Ich will in meinen Tagen,
die du zum Tal noch führst,
die Liebe weitersagen,
mit der du, Herr, regierst,
die dir mich hält verbunden,
auch wenn das Licht entflieht,
verloren alle Stunden,
die letzte Zeit verglüht.

III
Auf dem Weg

Geleit

Sie sagte: »Geh mit Gott.« Sie sprach diese Worte immer, wenn das Kind aus dem Haus ging. Das Kind ging jeden Tag aus dem Haus, erst zum Spiel, dann zur Schule, später zu anderen Zielen. Einmal fragte das Kind: »Warum sagst du immer zu mir, geh mit Gott?« »Damit du von schlimmem Unglück verschont bleibst«, sagte sie.

Das Kind blieb alle Jahre hindurch von schlimmem Unglück verschont. Die Kümmernisse am Wege lernte es wohl kennen. Sie waren mächtig genug, um froh darüber zu machen, daß sie mit ihrer Macht in Grenzen blieben. Sie waren nicht mächtig genug, zu verhindern, daß sich ganz tief drinnen, zwischen dem »Geh mit Gott« und dem Verschontbleiben von schwerem Übel, ein selbstverständlicher Zusammenhang einstellte.

Als das Kind kein Kind mehr war, nahm der Erwachsene das Weggeleit Gottes mit sich wie seine gute Erziehung. Es gehörte zu ihm. Und lange Zeit war kein Grund, darüber nachzudenken, ob dieses Weggeleit so selbstverständlich auch immer verschontes Leben bedeuten mußte. Es war die Zeit, in der das Verschontbleiben vor dem Schlimmen zur Gewohnheit geriet. Weil das so war, glitt auch der Gedanke an Gottes Geleit aus der Erinnerung. Das Leben war beiläufig geworden.

Später dann geriet das Leben durcheinander, sei es, daß das Beiläufige als unerträglich erfahren wurde oder tatsächlich am Unerträglichen zerbrach. Nun war Verschontbleiben nicht mehr selbstverständlich. Das »Geh mit Gott« kam in die Erinnerung zurück. Es war aber fragwürdig geworden: Daß das Beiläufige unerträglich werden oder am Unerträglichen zerbrechen konnte, wurde als Abwesenheit Gottes empfunden. Der begleitende Gott der Erinnerung hatte für das Beiläufige gesorgt. Jedenfalls hatte er es wiederhergestellt, wenn es aus den Fugen geraten schien. Im Unerträglichen kam Gott nicht vor. In ihm war er abwesend. Der abwesende Gott ist kein Wegbegleiter.

Der Mensch begrub seine Enttäuschung und ging weiter. Er war nicht gottlos geworden, eher traurig. Er wußte nichts mehr mit Gott anzufangen. Und er hatte den Eindruck, daß es Gott mit ihm nicht anders ging. Der fromme Wunsch der Mutter hatte sich an der Echowand des Lebens gebrochen und war als ratlose Antwort auf die Frage zurückgekommen, wo denn Gott in diesem Leben sei.

Der Evangelist Matthäus erzählt ein Ereignis aus dem Leben Jesu: »Jesus trat in das Schiff, und seine Jünger folgten ihm. Da erhob sich ein großes Ungestüm im Meer, so daß das Schiff mit Wellen bedeckt wurde. Und Jesus schlief. Da traten die Jünger zu ihm und weckten ihn auf und sprachen: Herr, hilf uns, wir verderben! Da sagte er zu ihnen: Ihr Kleingläubigen, warum seid ihr so furchtsam? Und er stand auf und bedrohte den Wind und das Meer. Da wurde es ganz still. Die Menschen aber verwunderten sich und sprachen: Was ist das für ein Mensch, daß ihm Wind und Meer gehorsam sind?« (Kapitel 8, 23–27).

So war es damals: Jesus hatte Menschen zu seinen Jüngern berufen, für die das Gottesgeleit und das Verschontbleiben zusammengehörten wie Ursache und Wirkung. Und ob sie auch noch weit davon entfernt waren, die Fülle Gottes in dem zu erkennen, der sie berufen hatte: sie waren seinem Ruf gefolgt, weil sie in ihm Gott selbst am Werke glaubten. Sie waren eingetreten, wie sie wohl meinen mochten, in den Kreis des ganz gewiß von Gott Begleiteten; denn ohne sein Verschontbleiben mußte ja Gottes Werk sein Ziel verfehlen.

So dachten die Jünger und waren dem Menschen ähnlich, dem seine Mutter täglich das »Geh mit Gott« auf den Weg gegeben hatte. Als sie dann ganz vom Unerträglichen umgeben waren und Gottesgeleit und Verschontbleiben angesichts des Seesturmes und des schlafenden Jesus auseinanderbrachen, wurden sie ratlos. Die Angst vor dem Verderben zerschlug den Glauben, daß sie mit diesem Jesus auf dem Weg zu Gottes Zielen waren. Sie sahen nur noch sich und ihre Angst und ihre Ziele und riefen den um Hilfe an, der Macht hatte, die Ziele Gottes heraufzuführen.

Jesus nennt die Jünger »Kleingläubige«. Er meint damit wohl die Menschen, die Gottes Zielen in ihrem Leben nur zustimmen, solange dies auch ihre Ziele sind. Er meint damit wohl auch die Menschen, die Gottes Allmacht nur bejahen, solange sie sich im Verschonen übt. Und die meint er wohl auch, die Gottes Gegenwart nur annehmen, wenn sie vor Unerträglichem bewahrt.

Der schlafende Jesus im todbedrohten Schiff bei seinen Jüngern ist Bild der Gegenwart, die Gott gewährt und nicht der Mensch erdenkt. Die Allmacht, die den Menschen zum Ziele Gottes führt, ist mit ihm auf dem Weg und bleibt bei ihm, auch wenn sein Schiff versinkt und er mit ihm. Der Wunsch »Geh mit Gott« ist verfehlt, wenn er nicht vor allem anderen mitteilt, *daß* Gott mitgeht. Eine Wahrheit, die wir uns nicht erst zu wünschen brauchen. Was wir wünschen können ist, daß wir und unsere Kinder diese Wahrheit nicht vergessen.

Gespräch am Morgen

Du hast mir neu heraufgebracht,
mein Gott, des Tages Licht.
Nun hebe ich nach dunkler Nacht
zu dir mein Angesicht

und bitte: Laß mein Dankgebet
durchdringen Raum und Zeit,
schaff dem, was aus dem Herzen geht,
den Weg zur Ewigkeit.

Du hieltest, als der Dunkelheit
Urtiefe mich umwand,
Gefahr von mir und vieles Leid
durch deine Vaterhand.

So gabst du deinem Kind die Kraft
für einen neuen Tag.
Gib auch, daß, was es heute schafft,
dir wohlgefallen mag.

Gib, daß mit dieser Nacht verging
die Angst und der Verdruß
und daß die Sorge, die mich fing,
mir Freiheit geben muß.

Gib, daß das Kreuz von Golgatha
mir deine Liebe weist
und daß, was einst der Jünger sah,
mein Glaube tätig preist.

Gib, daß mein Geist – von deinem Geist
geläutert und gelehrt –
den Weg, den du mich gehen heißt,
zu gehen auch begehrt.

Gib, daß in allem, was mir wird
an diesem neuen Tag,
mein Herz dein gutes Rufen hört,
daß es dem folgen mag,

den du der ganzen Welt zum Heil
in Tod und Nacht ließt gehn.
So wird auch mir ein selger Teil
an seinem Auferstehn.

Schließ heute, Herr, in deine Gnad
auch alle Menschen ein,
die mir dein Wort befohlen hat;
laß sie geborgen sein

vor Angst, vor Sünden und Gefahr
in dieses Tages Licht.
Ich weiß, der immer bei uns war,
läßt uns auch heute nicht.

Widerspruch

Der Widerspruch ist mit uns unterwegs, solange wir in diesem Leben sind. Kein Tag vergeht, an dem uns seine Gegenwart nicht spürbar wäre. Er wird mit uns wach am Morgen, wenn der Gewinn eines neuen Lebenstages zugleich bedeutet, daß die uns zugemessenen Tage mit der vergangenen Nacht um einen weniger wurden. Der Widerspruch lebt in allem, was durch uns und mit uns geschieht, weil alles Geschehen mit sich selbst auch gleich sein Gegenteil bewirkt.

Wer sich sichern will, um seine Sorge zu stillen, schafft mit der Sicherheit die andere Sorge, ob sie auch zuverlässig sei. Wer liebt, geht der Trauer und der Einsamkeit entgegen: Wenn wir uns einmal trennen müssen, bestimmt das Maß unserer Liebe die Tiefe unseres Schmerzes. Wer Gutes wirken will, muß oft genug erfahren, wie wenig das, was er gewollt hat, dem entspricht, was aus dem Wollen wurde. Und manches Mal merkt er nur nichts davon, wie seine Absicht just ihr Gegenteil erzeugte.

Wir möchten uns mitteilen und wählen unsere Worte aus, um von dem anderen verstanden zu werden. Aus seiner Antwort aber hören wir, wie anders unser Reden auf ihn wirkte. Verstandenwerden und Verstehen sind nur gelegentliche Gäste dort, wo Menschen sind und miteinander reden. Wenn diese Gäste wirklich einmal kommen und wir sie bei uns aufnehmen, schafft solche Gastfreundschaft uns

Brücken zum einen Nächsten und Trennung vom anderen, an dem unsere Gäste vorübergingen.

Wir können Licht nur haben, wenn wir in Kauf nehmen, selbst auch Schatten zu werfen. Wir können nur frei sein um den Preis, daß andere unsere Freiheit als Entzug eigener Freiheit erfahren. Wir können Gerechtigkeit nicht schaffen, ohne an Ungerechtigkeiten mitzuwirken. Auch unsere reinste Absicht löst uns nicht aus dem Verhängnis, mit unserem Wirken an einem Teil zugleich dem Gegenteil die Hand zu reichen.

Und darin mag wohl das alles begründet sein: Was immer wir selbst ausrichten in unserer Welt und was immer wir erfahren, ist nie das ganze Leben. Es ist nur Teil, nur Teil vom Teil des Lebens. In diesem Teil finden wir uns mit unserem Ich, seinen Hoffnungen und Ängsten, seinen Zuneigungen und Ablehnungen, seinem Lebenwollen und seiner Todverfallenheit. Für unseren Teil gewinnen wir Überblick, wenn auch durchaus nicht ganz. Aber immerhin doch so viel, daß wir zu Deutungen kommen, von Deutungen zu Erklärungen und schließlich zu dem Versuch, was wir erkannten, anderen mitzuteilen. Doch deren Teil vom Teil des ganzen Lebens ist anders als unseres. Alle anderen sind anders als wir. Unser Mitteilen ist immer auch der Versuch, die anderen Teile um uns her nach unserem Teile zu gestalten. Oder sie einzuteilen und auf das eigene Teil hin auszurichten. Wir sind mit unserem Teil des Lebens aber nicht das Leben selbst. Zwar wäre ohne uns das Leben unvollständig. Aber die Anpassung der unendlich vielen Teile an unser Teil brächte unendliche Verarmungen des Lebens.

Was so von meinem Wirken gilt, das allenthalben Widerspruch erschafft, ist auch am Werke, wenn fremdes Wirken meinen Widerspruch empfinden muß. Es ist am Werk, wenn Gruppen, Klassen, Völker, wenn Religionen, Rassen und Systeme aller Art zu sich und anderen in Beziehung treten. Auch die umfassenden Gebilde menschlicher Gemeinschaft sind stets nur Teil des Lebens, nie das Leben selbst. Und wie der Einzelne, so drängen auch die Gruppen dahin, ihr Teil als Maß für alle anderen Teile mitzuteilen. So erwirken sie nach innen und nach außen Widerspruch. Widerspruch schafft Leiden. Wer ihn erfährt, ist nicht anders dran als der, der ihn erzeugt: Beide können nicht ohne einander sein und tauschen ständig ihre Positionen. Weil wir leben, sind wir im Widerspruch.

Seit Menschen sind und dieser Urerfahrung, im Widerspruch zu sein und an ihm zu leiden, nachsinnen, entwerfen sie Modelle, in denen aller Widerspruch zur Ruhe kommen soll. Religionen, Philosophien, Ideologien haben hier ein Thema und manche sogar ihr einziges überhaupt. Der biblische Mensch und in nachbiblischer Zeit der Christ haben Anteil an der Urerfahrung des Widerspruchs. Keine Silbe des biblischen Zeugnisses redet dem Menschen ein, ohne Widerspruch zu sein oder als Glaubender jenseits des Widerspruchs zu leben. Aber das biblische Zeugnis spricht davon, daß sich die Fülle des Lebens, in der alles aufgehoben ist, was wir als Widerspruch erfahren, in dem allein findet, der Herr des Lebens ist. Das biblische Zeugnis spricht von unserem Wandern hier und daß uns auf der Wanderschaft Vertrauen möglich sei, Vertrauen darauf, daß auch der ernsteste Widerspruch, der Tod, in Gott nicht die Verneinung alles Lebens ist, sondern ein Teil des ganzen Lebens. So wie andere Widersprüche auch, an denen wir leiden. In ihrer Sehnsucht, dem Widerspruch zu entgehen, fragen Menschen nach allem, was man fragen kann im Himmel und auf der Erde. Sie suchen Antwort auf ihre Fragen. Das biblische Zeugnis sagt, daß wir die Antwort nicht auf der Wanderschaft, sondern am Ziel, nicht schon im Glauben, sondern erst im Schauen widerspruchslos vernehmen können.

Das Leben des Christus von der Krippe in Bethlehem über alle Stationen bis zum Kreuz auf Golgatha und in der Vollendung am Ostermorgen ist menschliches Leben gewesen, preisgegeben dem Widerspruch und zugleich eingelassen auf das Vertrauen, das unterwegs möglich ist.

Im Alten Testament (Psalm 73, 23–26) spricht ein Beter von seinem Vertrauen und bekennt, daß er davon nur im »dennoch« reden kann.

»Dennoch bleibe ich stets an dir; denn du hältst mich bei meiner rechten Hand, du leitest mich nach deinem Rat und nimmst mich endlich mit Ehren an. Wenn ich nur dich habe, so frage ich nichts nach Himmel und Erde. Wenn mir gleich Leib und Seele verschmachtet, so bist du doch, Gott, meines Herzens Trost und mein Teil.«

Eindeutigkeit

Menschen verlangen nach Eindeutigkeit. Zweifel macht ruhelos, wenn er entsteht, weil ungewiß geworden ist, was gelten soll. Das geht allen so, ob sie bewahren oder verändern wollen. Zeiten sind immer Zeiten des Bewahrens und Veränderns zugleich. Wer teilhat am Leben ringsum, findet sich wieder im Wechselspiel von beidem. Eindeutigkeit ist Illusion oder Frucht von Gewalt. Kann der Mensch sich einrichten, wo Verläßliches heute darauf hoffen läßt, daß es auch künftig noch verläßlich sei, wird er dem heute Gültigen ein langes Leben wünschen, damit sein Hoffen nicht den Grund verliert. Ist nichts Verläßliches in seinem Blick, worauf er heute und in Zukunft sein Leben gründen möchte, wird er die Welt dahin verändert wünschen, daß gültig wird, was ihm verläßlich scheint.

Es gibt immer beide, solange es Menschen gibt. Und beide wünschen tief in ihren Herzen, daß es doch nur sie gäbe. Sie sollten es sich nicht wünschen; denn andere Zeiten lassen den Veränderer zum Bewahrer werden, und der Bewahrer wird verändern wollen. Immer ist es so: Je entschiedener der Bewahrer sein Leben nur noch lebenswert versteht, wenn das Verläßliche, auf das er doch einmal sein Leben gründete, verläßlich bleibt, desto entschiedener wird der Veränderer für ihn zum Feind. Und je unbedingter der Veränderer die Veränderung für sein Leben braucht, damit er atmen und frei sein kann, desto unbedingter wird er den Bewahrer bekämpfen. Entschieden und unbedingt sind die Erreger, die Menschen so entstellen, daß Weggefährten dieser Zeit und Erde einander Jäger und Gejagte werden.

Menschen sind immer anders als andere Menschen. Auch in der Gemeinschaft wird es so sein, daß der eine eher bewahren, der andere eher verändern möchte. Das Verläßliche, das heute gilt, und das Verläßliche, das morgen gelten soll, empfinden Menschen auch in innigem Einverständnis nie völlig gleich. Ein Teil bleibt immer fremd. Wird das Empfinden entschieden oder unbedingt, gehen die Tage des Einverständnisses zur Neige.

Je größer die Gemeinschaften werden, in denen sich Menschen durch ihre Geburt oder durch eigene Entscheidung zusammenfinden, desto geringer wird der Anteil dessen, was sie gleich empfinden; desto größer werden die fremden Teile. Grenzen menschliche Gemeinschaften aneinander – und alle menschlichen Gemeinschaften grenzen aneinander –, entstehen Gemeinsamkeiten und Einverständnisse über die Grenzen hin. Wer nicht daran teilhat, weil er in seiner Gemeinschaft an anderen Grenzen lebt, erfährt dadurch Bedrohung. Er nimmt selten wahr, daß auch seine eigenen Gemeinsamkeiten und Einverständnisse mit Menschen jenseits seiner eigenen Grenze auf andere Menschen der Gemeinschaft als Bedrohung wirken.

Gemeinsamkeiten und Einverständnisse über die Grenzen hin erhalten die Gemeinschaft im Prozeß des Lebens. Sie muß sich selbst und anderen Antwort geben auf die Frage, wer sie denn eigentlich sei und was ihr Wesen ist. Gemeinschaft hinter verschlossenen Grenzen verliert sich im rituellen Inzest. Gemeinsamkeiten und Einverständnisse über Grenzen hin können aber auch wirklich zur Bedrohung der Gemeinschaft werden. Es sind ja nicht nur andere Menschen jenseits der Grenzen. Dort warten auch Mächte, die der Gemeinschaft feind sind.

Offene Grenzen haben immer beide Chancen: Sie helfen zur Stärkung oder sie fördern die Auflösung. Welche Chance zum Zuge kommt, hängt von den Kräften ab, die die Gemeinschaft aus ihrem Wesen heraus zu entfalten vermag. Sind diese Kräfte lebensvoll, dann gewinnen sie und damit die Gemeinschaft in der Begegnung auch mit Mächten, die der Gemeinschaft feindlich sind. Sind ihre Kräfte nur noch Erinnerung, wird sie an ihren offenen Grenzen ausbluten. Dann kann sie ihre anfälligen Grenzgebiete aufgeben und sich hinter eng gezogene und dichte Grenzen zurückziehen. Die Geschichte wird an ihr vorbeigehen und sie im Belanglosen versinken lassen. Geschlossene Grenzen, und seien sie um noch so mächtige Gemeinschaften gezogen, sind immer schon Zeichen künftiger Belanglosigkeit.

Wir sind miteinander unterwegs – bewahrend, verändernd. Wir sind unterwegs als einzelne und als Gemeinschaften. Eindeutigkeit ist uns versagt, solange wir leben, und das heißt, unterwegs sind. Wer Eindeutigkeit erzwingen will, gibt das Leben auf. Nicht alles, was Eindeutigkeit verhindert, dient dem Leben. Auch der Feind ist am Werk und umgibt sein zerstörendes Wollen mit dem Ansehen, das wir dem Notwendigen zugestehen. Letzte Maßstäbe, das Feindliche vom Notwendigen zu trennen bei dem, was Eindeutigkeit verhindert, hat nur Gott.

Die Kirche ist in unserer Welt. Wenn es gilt, daß Gott allein regiert, muß Kirche in der Welt mit Chancen und Versuchungen zurechtkommen wie alle menschliche Gemeinschaft. Dazu hat sie die Verheißung, daß sie am Ende der Geschichte zur Eindeutigkeit geführt wird, daß sie in das Schauen tritt. Bis dahin wird sie der Verheißung glauben müssen und nicht vertrauen dürfen, daß sie selbst schon Eindeutigkeit zu schaffen vermag.

»Jesus sprach: Das Himmelreich gleicht einem Menschen, der guten Samen auf seinen Acker säte. Da aber die Leute schliefen, kam sein Feind und säte Unkraut zwischen den Weizen und ging davon. Als nun die Saat wuchs und Frucht brachte, da fand sich auch das Unkraut. Da traten die Knechte zum Hausvater und sprachen: Herr, hast du nicht guten Samen auf deinen Acker gesät? Woher hat er denn das Unkraut? Er sprach zu ihnen: Das hat der Feind getan. Da sprachen die Knechte: Willst du, daß wir hingehen und es ausjäten? Er sprach: Nein, daß ihr nicht zugleich den Weizen mit ausrauft, wenn ihr das Unkraut ausjätet. Laßt beides miteinander wachsen bis zur Erntc. Und zur Erntezeit werde ich den Schnittern sagen: Sammelt zuvor das Unkraut und bindet es in Bündel, daß man es verbrenne. Aber den Weizen sammelt in meine Scheune.«
Matthäus 13, 24–30

Unruhe

Die Unruhe ist ein Weggefährte, der unsere Sehnsucht nach der Ruhe wach hält. Und unsere Sehnsucht nach der Ruhe sorgt dafür, daß dieser Weggefährte fest an unserer Seite bleibt.

Die Straße, die wir gehen, zieht sich dahin und oft durch seltsame Landschaften und Zeiten. Sie verwehrt uns die Einsicht in den Sinn ihres Verlaufs. Manchmal sind die Verlegenheiten, die sie uns schafft, befremdlich genug, uns zweifeln zu lassen, ob ihrem Lauf überhaupt ein Sinn gegeben ist.

So gehen Menschen ihre Straße seit Jahrtausenden, unruhevoll und zugleich mit Sehnsucht nach der Ruhe. Ruhe aber sucht ihr Ziel im Lager, nicht auf der Straße. Der Straßenrand bietet solche Lager an. Und Menschen verlassen ihre Straße und gehen in die Lager links und rechts. Manchmal auch schaffen sie sich neue Lager abseits der Straße. Die Unruhe bleibt ihnen im Lager treu; denn das Lager ist nicht Ruhe, sondern ihr Trugbild. Dann gehen die Menschen weiter. Die einen laufen zurück zu ihrer Straße. Die anderen bleiben in den Wegen ihres Lagers unterwegs. Die einen wandern auf dem mühsamen Weg zu einem Ziel, das sie sich nicht ausdenken können, von dem sie aber hoffen, daß es nicht die Straße ist. Die anderen gehen umher in den geschäftigen Wegen ihres Lagers und erlaufen sich Überzeugungen oder die Resignation. Manche enden in der Melancholie der Vergeblichkeit.

Wem das Lager erst unentrinnbar wurde, wird zum Leugner aller Ziele, die er nicht selber macht. Er wird untüchtig für die Straße, die allein zum Ziel und in die Ruhe führen kann, wenn es denn Ziel und Ruhe für den Menschen gibt. So macht der Mensch des Lagers seine Ziele und erklärt, daß diese Ziele auch die Ruhe bringen. Verfallen die gemachten Ziele – alle gemachten Ziele verfallen einmal –, dann wird für den Menschen des Lagers das Lager selbst zum Ziel.

So kommt es denn, daß das Lager neben der Straße, das einmal den Menschen mit dem ungedeckten Angebot der Ruhe zu sich lockte, zur neuen Welt wird, die behauptet, allem Menschenleben erst Sinn und Ziel und Ruhe zu bereiten. Was früher Lockung war für die Menschen auf der Straße, erfahren sie nun als Forderung: Das Lager verlangt von ihnen, ihre Straße zu verlassen und ihm allein zu dienen. Wer aber auf der Straße weitergeht, gilt nun als Feind. Und wer herausgeht aus dem Lager, zählt zu den Verrätern.

Im Matthäusevangelium (Kapitel 17, 1–9) gibt es eine Erzählung von der Straße und vom Lager, von der Unruhe und der Ruhe, von der Versuchung der Jünger und davon, was der Herr zu allem sagt.

»Jesus nahm zu sich Petrus und Jakobus und Johannes, seinen Bruder, und führte sie beiseits auf einen hohen Berg. Und er wurde vor ihnen verklärt, und sein Angesicht leuchtete wie die Sonne, und seine Kleider wurden weiß wie Licht. Und siehe, da erschienen ihnen Mose und Elia, als sprächen sie mit ihm. Da fing Petrus an und sprach zu Jesus: Herr, hier ist gut sein! Willst du, so wollen wir hier drei Hütten machen: dir eine, Mose eine und Elia eine. Da er aber noch solches redete, siehe, da überschattete sie eine lichte Wolke. Und siehe, eine Stimme aus der Wolke sprach: Dies ist mein lieber Sohn, an dem ich Wohlgefallen habe. Den sollt ihr hören. Da das die Jünger hörten, fielen sie auf ihr Angesicht und erschraken sehr. Jesus aber trat zu ihnen, rührte sie an und sprach: Steht auf und fürchtet euch nicht! Da sie aber ihre Augen aufhoben, sahen sie niemand als Jesus allein.«

Jesus hatte sich aufgemacht nach Jerusalem, zum Leiden, zur Vollendung. Am Anfang seines Weges, auf den er die Jünger mitnahm, erscheint er ihnen auf einem Berg als der Vollendete. Für einen Augenblick sollen sie den endgültigen Sieg des Herrn, den Sieg der Liebe und des Lebens, schauen dürfen, bevor es dunkel wird auf dem Weg zum Ziel. So will der Herr die Jünger getrost machen, mit ihm den Weg zu gehen.

Die Jünger erleben diesen Augenblick der Verklärung des Herrn, aber sie deuten ihn ganz anders. Für sie spricht Petrus aus, was sie empfinden: nicht Vorbereitung für die Straße, die nun zu gehen sein wird bis an ihr Ende auf Golgatha und am Ostermorgen, sondern Proklamation des Lagers, das man nun bauen kann mit Hütten. Alles Sehnen nach der Ruhe findet in den Worten des Petrus seinen Ausdruck.

Hütten baut man zum Verweilen. Und um die Hütten zieht man Zäune. Zäune sind Grenzen, die verteidigt werden. So entstehen Lager. Die Jünger auf dem Berg gerieten in die Versuchung, das Bild des künftigen Heils in Hütten festzumachen und neben anderen Lagern auch noch dieses zu errichten.

Die Stimme aus der Wolke bringt die Jünger in die Wirklichkeit zurück und weist sie an den Einen, der zum Ziel führt. Mit ihm müssen sie zurück zur Straße und ihrer Illusion den Abschied geben, daß man im Lager an das Ziel gelangt. Darüber erschrekken sie. Aber dem wandernden Gottesvolk muß ein Zelt genug sein, das man zu kurzer Rast neben der Straße aufschlägt. Das war damals bei den Jüngern so. Und es wird so bleiben bis ans Ende aller Tage. Denn der Herr ist unterwegs und nimmt uns mit und spricht auch heute noch: »Fürchtet euch nicht!«

Opfer

Was bringt einen Menschen dazu, alles dahinzugeben, so daß ihm nichts mehr bleibt, um den kommenden Tag zu sichern?

Nun scheint dies keine Frage zu sein, die unser Leben bestimmt so, wie wir es Tag für Tag zu leben haben: Die wenigsten Menschen sehen sich je vor eine solche radikale Entscheidung gestellt. Uns genügen die großen und kleinen Herausforderungen des Alltags durchaus. Und wir haben Grund genug, ihnen so zu begegnen, daß wir aus diesen Begegnungen einiges heraustragen, was auch die Zeit, die kommt, für uns noch lebensmöglich macht.

Aber da sind dann doch die wenigen, die anderen. Die einmal in ihrem Leben nicht wie wir täglich Verzicht und Chance zum vorteilhaften Ausgleich bringen, sondern die bis auf den Grund alles dahingeben, was immer nur an Hingabe für sie verfügbar ist. Keinem von ihnen macht die Frage letzte Sorge, wie wohl die Umwelt reagieren könnte. Sie handeln total, weil ihnen die Preisgabe aller Lebenssicherheit geringeren Verlust bedeutet als der Verzicht auf das Ziel, dem ihr totales Handeln dient. Die Umwelt mißt solches Handeln an dem Maßstab des Üblichen und spricht ihr Urteil aus der ums Morgen sorgenden Vernunft.

Als Jesus wenige Tage vor dem Ende seines Lebens in Jerusalem war und im Tempel zu den Menschen gesprochen hatte, setzte er sich in die Nähe des

Opferstockes und sah zu, wie das Volk Geld in den Opferstock warf. Viele reiche Menschen warfen viel Geld ein. Und es kam eine arme Witwe und warf zwei Sechser in den Opferstock. Das ist zusammen ein Groschen. Jesus rief seine Jünger zu sich und sprach zu ihnen: »Wahrhaftig, diese arme Witwe hat mehr in den Opferstock eingeworfen als alle anderen, die etwas hineingeworfen haben. Die anderen haben nur von ihrem Überfluß gegeben. Die Witwe aber warf alles, was sie in ihrer Armut noch hatte, hinein; tatsächlich alles, wovon sie noch ihr Leben fristen kann« (Markus 12, 41–44).

Wir hören von der Reaktion der Umwelt nichts. Und Jesus hatte offensichtlich alles, was er den Jüngern über die Witwe sagen wollte, mit den zitierten Worten gesagt. So wissen wir nicht mehr, aber auch nicht weniger als die Jünger damals im Tempel zu Jerusalem. Das Urteil der Umwelt mit ihrem Maßstab der ums Morgen sorgenden Vernunft ist schnell gefunden. Das Opfer der Witwe, eingeworfen in den Opferstock, wendet keine Not. Es schafft Not, da doch diese Witwe nun selber hilflos ist angesichts des kommenden Tages. Mehr noch: Wird an dieser armen Frau nicht deutlich, wie sich das Opfer losgelöst hat von seinem guten Sinn und in der Verwaltung der Tempelpriesterschaft zum Mittel wurde, auch von den Ärmsten das Letzte abzupressen und noch dazu im Namen Gottes! Gab diese Frau das Opfer? Oder ist sie nicht selbst zum Opfer gemacht worden von denen, die solche Macht über sie hatten? Niemand darf sagen, daß solches Urteil abwegig ist. Jesus selbst wirft den Schriftgelehrten unmittelbar vor dieser kleinen Episode mit der Witwe vor, daß sie »der

Witwen Häuser fressen« (Vers 40). Er kannte also die bösen Zusammenhänge wohl. Aber er ging nicht hin zu der Frau, um sie aufzuklären. Er rief die Jünger zu sich und sagte ihnen mit erkennbarer innerer Bewegung, was er gesehen hatte. Und das muß ihm in diesem Augenblick wichtiger gewesen sein als die Fortsetzung seiner Auseinandersetzung mit den Schriftgelehrten.

Für Jesus lag dieses Wichtige am Handeln der Witwe also nicht darin, für sich und die Jünger ein Beispiel dafür erlebt zu haben, zu welchen Opfern man für den Tempel eigentlich bereit sein müßte. Das Wichtigste für Jesus war, einem Menschen begegnet zu sein, der zu der Entscheidung fähig war, alles aufzugeben, was das Leben sichern kann, um eines Zieles willen, vor dem alles andere gering und ohne das auch das gesichertste Leben sinnlos wird. Das Tun der Witwe machte einen Augenblick lang die Motive derer belanglos, die mit ihrer schriftgelehrten Macht die Frau um ihre letzte Habe brachten. Das Handeln der Witwe hob sie weltenweit über ihre Verführer. Sie machte ganz Ernst mit dem, worauf allein es für sie jetzt ankam. Und so erlebte sie im Getriebe des Tempels und zugleich in der Einsamkeit mit sich die unendliche Freiheit von der Sorge. Sie wußte nicht, daß Jesus sie darin erkannt hatte. Sie konnte nur glauben, daß Gott ihr zusah.

Jesus sah im Handeln der Witwe, in ihrer vorbehaltlosen Hingabe, seinen eigenen Weg beschrieben. Dies brachte ihm die Frau so nahe, daß er seinen Jüngern davon erzählen mußte. Für diesen einen Augenblick, als sie die beiden Münzen in den Opferstock warf, war er eins mit ihr trotz allem, was ihn von denen trennte, die die Frau zu ihrem Handeln gebracht hatten. Sie gingen danach ihre Wege weiter, jeder für sich. Den Weg der Witwe kennen wir nicht. Der Weg Jesu führte nach Golgatha. Dies war nicht sein Verhängnis. Es war seine Entscheidung. Er gab sich preis und trennte sich von allen Chancen für die Zeit danach, weil er nur so das Neue wirken konnte, das Gott in ihm den Menschen bringen wollte.

Uns bleibt, darüber nachzusinnen, ob es denn wirklich nur die anderen, die wenigen sind, die vor der radikalen Entscheidung stehen wie einst die Witwe in Jerusalem. Wenn Glaube wahrhaft Glaube ist, dann läßt sich der Mensch im Glauben auf Gottes Wirklichkeit ein und wirft heute in den Opferstock den letzten Groschen, der ihm das Leben und die Welt gottlos verfügbar macht: die Meinung, daß er allein sei in der Welt und alle Zukunft nur in seinen Händen liege. Dies Opfer bringt niemand aus seinem Überfluß. Es ist das letzte und fällt uns am schwersten. Es ist das Opfer, an dem sich Geister scheiden.

Gewissen

»Wie nun durch *eines* Menschen Sünde die Verdammnis über alle Menschen gekommen ist, so ist auch durch *eines* Menschen Gerechtigkeit die Rechtfertigung zum Leben für alle Menschen gekommen.«
Römer 5, 18

Was Menschen angeht, bringen sie zur Sprache. Und fordert es Entscheidungen, wird Menschensprache widersprüchlich. In das Gerede kommt, was keinen angeht und doch Entscheidungen verlangt. Das Gewissen ist im Gerede.

Im Adam der Schöpfungsgeschichte finden sich die Vielen wieder: sein Aufgehobensein allein durch Gottes Wort in der vom Chaos rings umdrohten Schöpfung; sein Verantwortlichsein für die ihm anvertraute Kreatur im anvertrauten Land; seine Schuld und seinen Verlust des Paradieses. Die Vielen finden sich in diesem Einen vom Anfang wieder.

So steht am Anfang aller Geschichte im Bericht der Schrift nicht das Kollektiv, in dessen Bild der Einzelne dann auch vorkommt und er in ihm nach seinem Platz zu suchen hätte. Am Anfang steht der Einzelne, der Unverwechselbare, Unaustauschbare, dem zugemutet wird, ganz Mensch zu sein – vor allem und auch außer allem Kollektiv ganz Mensch zu sein, so wie sein Schöpfer sich sein Menschsein dachte.

Der vor dreitausend Jahren von Adams Erschaffung sprach, um in dem Einen das Bild der Vielen zu entwerfen, der tat nicht Selbstverständliches in einer Zeit, die Menschenheil und Menschenunheil in Heil und Unheil seines Volks begründet sah. Er widersprach der Sehnsucht, sich unauffindbar ins Kollektiv zu verlieren, wenn es um den Menschen geht in dem, was ihn zutiefst erst Mensch sein läßt.

Und dann: Das Heil der Vielen brachte der Eine, Christus. Er predigte, er heilte, litt und starb und wurde auferweckt. Er war benennbar; die Menschen sagten »du« zu ihm und können es seitdem bis an das Ende aller Tage sagen. Das Kollektiv kann vieles, auch Gutes. So kann es helfen, wenn die Tage schwierig werden. Erlösen kann es nicht. Erlösen konnte nur der Eine. Erlöste sind viele, werden viele sein. Viele sind Einzelne, so unaustauschbar und unverwechselbar wie es der Eine, der Erlöser war. Kollektive werden nicht erlöst.

Mensch ist, wer sich in Adam wiederfindet: in Adams Aufgehobensein allein durch Gottes Wort in der vom Chaos rings umdrohten Schöpfung sein eigenes Aufgehobensein erkennt; in Adams Verantwortlichsein für die ihm anvertraute Kreatur im anvertrauten Land sein eigenes Verantwortlichsein erfährt; in Adams Schuld seine eigene Schuld, in Adams verlorenem Paradies sein eigenes verlorenes Paradies beschrieben sieht. So meinte es der Prediger des ersten Blattes der Bibel.

Das Böse ist nicht schuldfähig. Das Böse ist sein eigenes Verhängnis. Es wirkt Schändliches und hat nichts anderes im Sinn. Ihm wird nicht vergeben. Es vergeht. Des Menschen Schuld ist wirkliche Schuld.

Schuld geschieht, wo Verantwortung übernommen wird für den, der einen Nächsten braucht, für viele, für alle – und wo am Ende oder irgendwo am Wege die Erkenntnis unausweichlich ist, daß sich der Mensch trotz allem mehr liebt als den Nächsten, weil er noch immer so wie Gott sein will und so auch gutes Wollen böse Wirkung zeitigt. Schuld ist vergeben durch den Einen, der da kommen sollte und gekommen ist. Vergebene Schuld deckt auch die Schändlichkeiten zu, die Menschen wirken. Nur da, wo Schuld nicht zu vergeben ist, weil keine Schuld den Menschen je erreichte, vergeht der Mensch mit seinen Schändlichkeiten.

Der Schöpfungsauftrag an den Menschen, Mensch zu sein nach Gottes Willen, hat alles zu tun mit der Erlösung und dem ewigen Leben. Kommt das Gewissen so zur Sprache, bezeichnet es den Ort im Menschen, von dem er sich aufmacht, um im Gehorsam gegen den Schöpfer schuldig zu werden und sich auf diese Schuld deswegen einzulassen, weil er den Christus mit sich auf dem Wege glaubt. Dieser Ort im Menschen verlangt von ihm Entscheidungen. Geht ihn Adam an, weil Christus ihn angeht, kommt das Gewissen nicht nur zur Sprache. Es macht die Sprache widersprüchlich.

Aber das Gewissen ist im Gerede, weil es keinen angeht und doch Entscheidungen verlangt.

Ohne Glauben kann das Gewissen nicht zur Sprache gebracht werden. Im Glauben findet auch widersprüchliche Sprache zueinander. Der Mensch trägt den Ort in sich, den das Gewissen bezeichnet. Das Kollektiv hat kein Gewissen. Der Mensch ist unaustauschbar. Sein Gewissen ist es auch. Das Kollektiv kann sich darum bemühen, Verständigung unter den Vielen zu erreichen darüber, was ein Gewissen sei. Mit dem Gewissen leben muß der Einzelne allein. Hier hat das Kollektiv keine Zuständigkeit.

Und dennoch ist das Kollektiv am Gewissen seiner Einzelnen nicht unbeteiligt. Denn der Einzelne macht sich von dem Ort in ihm ja auf, den das Gewissen bezeichnet. Und jeder Schritt über den Ort hinaus schafft Wirkungen des Einzelnen auf andere Einzelne und auf das Kollektiv – schafft Wirkungen der anderen Einzelnen und des Kollektivs auf ihn, den sein Gewissen auf den Weg gebracht hat.

Der Ort, den das Gewissen bezeichnet, ist nicht leer. Er ist besetzt von der Geschichte, die den Einzelnen von allen anderen unterscheidet und ihn zugleich vielen anderen ähnlich macht. Solche Geschichte hat Daten. Erfahrungen finden sich neben Gesetzen, Leidenschaften neben Abhängigkeiten, Glaubensinhalte neben Vorstellungen von dem, was unaufgebbar sei. Und vieles mehr steht neben vielem anderen. Es findet sich an jenem Ort im Menschen, den das Gewissen bezeichnet als den Ort, von dem der Mensch je neu sich aufzumachen hat um seines Menschseins willen. Seine Geschichte bestimmt seine Schritte, ohne Zweifel. Und doch verantwortet der Mensch die Schritte, die er tut, die Wirkungen, die er schafft, ganz selber, und keine Ausrede ist ihm erlaubt, die sein Verantwortlichsein auf seine Geschichte abschiebt. Das Gewissen ist die Fähigkeit des Menschen, Herr zu sein seiner Geschichte und dieses Herrsein auch mit aller Schuld dem Christus Gottes anzuvertrauen.

Das Gewissen ist im Gerede. Der Mensch wird

den Ort in sich nicht los, den das Gewissen bezeichnet. Das empfindet er als Anspruch, aber es geht keinen an, weil es den Menschen nicht nur ohne Chance läßt, schuldlos zu bleiben. Das Gewissen mutet dem Menschen vielmehr zu, in seiner Schuldfähigkeit und Schuldverfallenheit die Konsequenzen seines Menschseins anzunehmen. Und damit mutet es ihm zu, daß der Mensch seinen Widerspruch anmeldet gegen das unablässige Bemühen des Kollektivs, ihm einzureden, daß es Schuld nicht gibt, weil die Geschichte und das Kollektiv den Menschen entschuldigen. Die Denunziation der Schuld als eines fremden Makels, den abzutun Freiheit des Menschen zu sich selbst bedeutet, hat ihn in Wirklichkeit erst von sich selbst entfremdet und eingefangen in Entmündigungen.

Deswegen ist das Gewissen im Gerede: Der entmündigte Mensch weist seinen Anspruch zurück, weil er sich nur noch schuldunfähig definieren kann.

Der Glaube kann nicht anders, als sich dieser Fremdbestimmung seines Lebens zu versagen. Damit versagt er sich zugleich dem Satz, daß Leiden, Einsamkeiten und Enttäuschungen, daß Anfechtungen und Ratlosigkeiten einer Behandlung fähig sind und durch sie zum Verschwinden kommen. Der Glaube sieht, daß Leiden wesenhaft zu ihm gehört, zu seinem Lebendürfen und Vergänglichsein. So kann nicht Leidenslosigkeit zum Maßstab werden, wenn es um das Gewissen geht und um den Aufbruch in die anvertraute Welt.

Der Glaube bringt das Gewissen neu zur Sprache. Es kann nicht anders sein: die Sprache der Gewissen ist widersprüchlich. Sie ist die einzige Sprache, die zutiefst ein Recht darauf hat, Widerspruch zu sein.

Gewissen kann nicht ohne Sprache bleiben. Es muß sich mitteilen wollen den Einzelnen, die sein Wirken angeht. Es muß sich und seine Motive benennen wollen vor dem Kollektiv. Die Welt hat Anspruch auf die Offenheit der Gewissen. Einen Anspruch darauf, daß sie sich rechtfertigen vor ihr, hat die Welt nicht.

Gewissen will verstanden werden. Dazu bedarf es der Sprache. Ein Urteil über das Gewissen steht allein bei Gott. Das muß der Mensch mit seinem Gewissen im Gebet vor Gott ausmachen. Erst da kommt es zur Erfüllung.

Wegweiser

Das Labyrinth des Lebens wurde ohne Wegweiser gebaut. Jeder Mensch muß im verwirrenden Geflecht der Wege seinen eigenen Weg finden und gehen. Zu mancher Strecke dieses Weges kommt er durch Entschluß: Er fühlt sich frei, das Angebot am Kreuzweg abzuschätzen und dann dem Wege seiner Wahl zu folgen. Auf anderen Strecken findet er sich ungefragt und sieht seine Schritte Bedingungen gehorchen, die er nicht selber schuf. Dann waren andere Menschen am Werk. Oder Gewalten, denen er nicht gebietet. Er muß weitergehen. Die fremden Bedingungen bestimmen seinen Gang, der Mensch erfährt dies als Verlust von Freiheit.

Aber auch der Mensch am Kreuzweg fühlt Freiheit – wenn er Freiheit fühlt – oft widersprüchlich. Und er fragt, ob seine Freiheit wirklich Freiheit ist. Denn der Mensch am Kreuzweg ist ja schon seinen Weg gegangen, bevor er herkam, wo er sich nun zum Weitergehen nach irgendwo entscheiden kann und muß. Auf diesem Wege hierher ist er mitgenommen worden von vielem außer ihm. Was ist von dem, der da am Kreuzweg steht, sein Selbst? Das Selbst, das seine Freiheit ausweist, indem es alle fremde Bestimmung unter seine Füße tritt? Das Selbst, das so »Ich« zu sich selber sagen könnte, daß weder Du noch Es an ihm mehr Anteil haben? Das Selbst, das stark genug ist, auch dem kommenden Unbekannten jenseits des Kreuzweges seine Weise aufzuzwingen?

Der Mensch am Kreuzweg fühlt Freiheit, weil er sich entscheiden kann, nachdem er oft genug dort gehen mußte, wo vorher über ihn entschieden worden war. Er fühlt Freiheit, weil sein Sich-entscheiden-Können ihm vermittelt, daß er einst Selbst war und nicht immer schon bedingtes Wesen. Er fühlt Freiheit, weil er sich am Kreuzweg als ein anderer sieht als alle anderen. Aber er spürt auch, daß sein Selbst erst durchdrungen und durchwoben von allem Du und Es auf den Wegen seiner Geschichte zum Ich geworden ist. Ein Ich, das ihm so unentrinnbar ist wie nichts anderes auf der Welt. Das zu beschreiben aber alle Mittel fehlen.

Menschen leiden unter dem Widerspruch, daß sie am Kreuzweg der Entscheidungen Freiheit fühlen, ihr Selbst ahnen und ihres Ich gewiß werden und doch dann ratlos bleiben, wenn sie dieses Ich für sich und andere Menschen benennen wollen; wenn sie es so benennen wollen, daß dieses Ich ihr Selbst entbirgt, das frei von allem Du und Es tatsächlich nur noch ihr Selbst ist. Sie spüren, daß ihr Selbst nicht einfach verlorenging. Aber es ist auf den so wechselhaften Wegen durch das Labyrinth des Lebens aufgenommen worden in alle Begegnungen, die das Ich entstehen ließen. Manche empfinden dies so schmerzlich, daß sie Wegweiser in das Labyrinth des Lebens stellen, für sich und andere Menschen. Wegweiser, die dem Menschen helfen sollen, bei sich zu bleiben auf allen Wegen, wie an den Kreuzwegen, und damit frei zu sein, das Selbst hindurchzutragen durch das Labyrinth des Lebens. Die Wegweiser sollen den Menschen befähigen, nur sich und niemand anderem zu folgen.

Aber das Labyrinth des Lebens wurde ohne Wegweiser gebaut. Und der Mensch ist geschaffen, seinen eigenen Weg im verwirrenden Geflecht der Wege zu finden und zu gehen. Er nimmt das Du und Es am Wege in sein Selbst auf. Erst dadurch wird sein Selbst zum Ich, daß es in ständigem Austausch mit vielen Du und Es am Wege lebt. Nur selten kann er sich das Du und Es aussuchen. Oft genug kennt er sie nicht einmal, denen er ausgeliefert ist im Weitergehen. Die Wegweiser, die ihn bei seinem Selbst bewahren wollen, verführen ihn in Wahrheit, dort zu gehen, wo er nie Ich wird. Er folgt sich nach und bleibt doch nur bei sich und lebt der Illusion, daß dieses alles Leben in Freiheit sei. Die Seele des Menschen kann nur im Ich zu ihrer Bestimmung finden. Im Selbst, das nicht zum Ich wird, leidet sie Mangel. Und sei das Selbst auch aller Dinge mächtig: was ihm zum Ich fehlt, kann den Mangel der Seele nicht ausgleichen.

Die Menschen, die Jesus begegneten, kannten die Wegweiser ihrer Zeit. Sie suchten in der Begegnung mit Jesus Antwort auf die Frage, wie man im Labyrinth des Lebens frei sein kann. Jesus sagte ihnen, daß jeder Mensch immer anderen Menschen oder Mächten nachfolgt. Die Wegweiser im Labyrinth des Lebens sind hilflose Versuche, das Leben einfacher zu bauen als es ist. Die Menschen fragten Jesus, ob sie ihm folgen dürften. Und sie versprachen sich davon den kurzen Weg zum Heil, der all die Irrtümer und Schmerzen anderer Wege meidet. Jesus aber antwortete ihnen:

»Wenn mir jemand nachfolgen will, dann muß er sein Selbst vergessen und die Zumutungen des Lebens ohne Wegweiser auf sich nehmen. Dann nämlich folgt er mir nach. Denn wer sein Selbst erhalten will, der wird es verlieren. Wer aber sein Selbst an meiner Seite aufgibt, der wird sein Leben finden. Was hätte der Mensch davon, wenn er die ganze Welt besäße, und seine Seele litte Mangel? Oder was kann der Mensch mit all seinem Besitz schon ausrichten, um damit den Mangel seiner Seele auszugleichen?«
Matthäus 16, 24–26

Die Worte Jesu stehen in der Bibel etwas anders. Ich habe über sie nachgedacht und davon erzählt. So wie ich diese Worte dann hinschrieb, geben sie wieder, was Jesus mir mit ihnen sagt. Er sagt, daß ich mich einlassen soll auf das Leben, das mir Gott gegeben hat. Er sagt, daß ich zu meinem Ich kommen soll auf meinem Weg durch die Verschlungenheiten aller Wege dieses Lebens. Er sagt, daß ich mir keine Wegweiser machen und keinem Wegweiser mich anvertrauen soll. Denn Gott hat keine Wegweiser gewollt, die mich bei meinem Selbst beließen. Er sagte dies alles auf dem Wege nach Jerusalem, wo er dann leiden und sterben mußte. Er sagte es, weil er für sich und mich auf allen Wegen Gott ganz nahe wußte. Und daß Gott auch im Du und Es uns nahe ist.

Rechtschaffenheit

Niemand sollte Rechtschaffenheit als verdächtig oder ehrlos denunzieren: wem es gelingt, stets anstandsvoll auf seinem Weg zu bleiben und der Versuchung ungebührlichen Gewinnes – welcher Art auch immer – dauernd standzuhalten, verdient Respekt. Zudem vollbringt er ziemlich Ungewöhnliches.

Erziehung hat nicht wenig damit zu tun, daß Menschen diese Kunst des Ungewöhnlichen anderen vermitteln. Eltern träumen manchmal davon, wenn sie an ihre Kinder denken. Die Chancen stehen nicht besonders gut, daß solche Träume auch Erfüllung finden. Zumindest stehen sie nicht besser als damals, als diese Eltern selbst noch Kinder waren und ihren Eltern Anlaß zum Träumen gaben. Und wer die Kunst des Ungewöhnlichen vermitteln will, kann gleich zusammen mit den Eltern träumen. Trotz allem: Das Leben um uns her braucht die Vermittler und den Traum der Eltern, soll ihm der Fall ins Unerträgliche erspart bleiben. Wenn auch die Ziele der Vermittler unerreicht und die Träume der Eltern unerfüllt bleiben: so ganz vergebens ist ihr Sorgen selten. Die meisten Menschen lernen ja doch, bemüht zu sein, der Bosheit überschaubare Grenzen zu ziehen. Der Mensch ist gut daran, der sein Leben vorwiegend außerhalb dieser Grenzen lebt.

Niemand sollte Gaunerei und Dirnentum als erhaben und charaktervoll preisen: Wer seinen Weg auf solche Weise macht, gewinnt Verachtung. Das Ungewöhnliche an ihm wirkt Abscheu. Erziehung hat nicht wenig damit zu tun, daß Menschen anderen vermitteln, wie man ohne Gaunerei und Unzucht leben kann. Eltern haben schlaflose Nächte, wenn ihre Kinder Lust an solchen Wegen zeigen. Und wer vermitteln will, wie Menschen ihre Wege ohne Gaunerei und Unzucht gehen können, leidet tief, wenn einer seiner Menschen doch den Abweg wählt. Es ist gut für das Leben ringsum, daß immer nur wenige ganz auf Gaunerei und Unzucht setzen: Der leichte Gewinn, den das böse Vorbild verheißt, hat selten so viel Faszination, daß Menschen ihm ihr Leben widmen. Wer aber hier erliegt, bleibt meist auf Dauer unten.

Jesus hatte mit Gaunern und Dirnen zu tun. Das hat ihm Vorwürfe der Menschen eingebracht, die sich von den Gaunern und Dirnen dadurch unterschieden wußten, daß sie gesetzestreu und rechtschaffen durch das Leben gingen. Jesus geriet in manche Auseinandersetzung mit den Frommen, den Priestern, sogar den eigenen Jüngern. Mit den Zöllnern, die ja ausgemachte Gauner waren, und mit den Dirnen hatte er keinen Streit. Zumindest hören wir nichts davon.

Einmal kam es zwischen Jesus und den Würdenträgern in Jerusalem zur Auseinandersetzung. Sie fragten ihn nach seiner Vollmacht. Die Frage schien berechtigt, hatte Jesus doch Sünden vergeben und hoffnungslos Kranke gesund gemacht. Das war Gott vorbehalten. Jesus konnte nun sagen, er habe seine Vollmacht von Gott. Dann hätten die Würdenträger gesagt, er sei ein Gotteslästerer; denn wer von Gott die Vollmacht hat, hatten sie ihrem Urteil unterworfen. Oder Jesus konnte sagen, er habe seine Vollmacht aus sich selber. Dann hätten sie auch gesagt, er sei ein Gotteslästerer; denn niemand, der von Gott nicht Vollmacht hat, darf Gottes Werk tun. Die Würdenträger in Jerusalem, nach eigenem Urteil Gottes treueste Diener, hatten ganz fest im Griff, was Gott tun kann und was nicht. Gott konnte da nur noch auf ihrem Wege kommen. So waren aus den Dienern Gottes seine Herren geworden. Sie beteten zu ihm, sie sangen ihm Psalmen, sie lehrten seine Allmacht und Gerechtigkeit. Und sie hatten sich Linien gezogen, die Gott das Maß setzten.

Jesus erinnerte sich, als ihn die Würdenträger in Jerusalem nach seiner Vollmacht fragten, an Johannes den Täufer. Johannes hatte gesagt: »Tut Buße; denn das Himmelreich ist nahe herbeigekommen.« Und die zu ihm kamen an den Jordan, hatte er getauft. Die Würdenträger waren in Jerusalem geblieben. Andere waren hinausgegangen. Sehr verschiedene Menschen: solche, die im ganzen anständig waren, und Gauner und Dirnen. Die hatten vielfach erfahren, daß Gott sie in Ewigkeit verworfen hatte. Man hatte ihnen gesagt, daß sie Sünder seien und Gott mit ihnen nichts zu tun habe. Es gab für sie keinen Weg zurück. Johannes der Täufer rief zur Buße. Buße kann nur der Sünder tun. Wer meint, er sei gerecht vor Gott, versteht den Bußruf nicht. Die Gauner und Dirnen spürten beim Bußruf des Johannes die Sehnsucht in ihren Herzen, doch noch nicht ganz von Gott verlassen zu sein. Sie gingen zu ihm hinaus, weil plötzlich alles anders für sie war. Sie ließen sich von Johannes taufen. Dann kehrten sie zurück und nahmen den Glauben mit, daß keine Sünde tiefer reicht als Gottes Vergebung für die Sünder. Wir wissen nicht, ob die Gauner und Dirnen dann so wurden wie die anderen, die im ganzen anständig waren. Gottvertrauen und Lebensgestaltung stehen in geheimnisvollerer Beziehung zueinander als die Sätze unserer Logik.

So fragte Jesus die Würdenträger in Jerusalem, woher Johannes denn die Vollmacht hatte. Sie gaben ihm keine Antwort. Johannes paßte nicht in ihre Welt, in der sie Gott herrschen ließen. Aber das wollten sie nicht sagen, denn zu viele Menschen in Jerusalem hat erst Johannes diese Welt als Gottes Welt erleben lassen.

Da sagte Jesus zu den Würdenträgern in Jerusalem ein Gleichnis: »Was dünkt euch aber? Es hatte ein Mann zwei Söhne und ging zu dem ersten und sprach: Mein Sohn, gehe hin und arbeite heute in meinem Weinberge. Er antwortete aber und sprach: Ich will's nicht tun. Danach reute es ihn und er ging hin. Und der Vater ging zu dem anderen Sohn und sprach zu ihm dasselbe. Der antwortete aber und sprach: Herr, ja! – und dann ging er nicht hin. Welcher unter den zweien hat des Vaters Willen getan? Sie sprachen zu ihm: der erste. Jesus sprach zu ihnen: Wahrlich, ich sage euch: Die Zöllner und Dirnen mögen wohl eher ins Himmelreich kommen als ihr. Johannes kam zu euch und lehrte euch den rechten Weg, und ihr glaubtet ihm nicht, aber die Zöllner und Dirnen glaubten ihm.«

Matthäus 21, 28–32

Jesus hat weder die Rechtschaffenheit denunziert noch Gaunerei und Dirnentum gepriesen. Er sprach eine Erfahrung aus: Keine Sünde ist so tief, daß sie die Sehnsucht danach ganz zerstören könnte, doch noch einmal die Zuneigung des Gottes zu erfahren, zu dem man ohne Angst »Vater« sagen kann. Aber auch Rechtschaffenheit kann zur Methode entarten, das eigene Leben auszunehmen vom Zorn des Gottes, der der Richter ist. Das war die Erfahrung Jesu. Und sie gilt gewiß noch heute. Christen müssen unendlich sensibel sein gegen jede Grenze, die Menschen aufrichten, um andere von Gott zu trennen. Gott ist immer größer in Liebe und Gericht als unser Denken von ihm je sein kann. Und wer unter allen Menschen dem einen Sohn gleicht und wer dem anderen, weiß nur Gott allein.

Eltern und Erzieher dürfen die ihnen anvertrauten Menschen nicht mit dem Traumziel der Rechtschaffenheit allein lassen. Das Bild der Wirklichkeit ist immer schillernder als das des Traums. Zum Bild der Wirklichkeit gehören die Farben der Sünde, des Scheiterns. Damit zu leben ist ebenso Aufgabe wie mit der Rechtschaffenheit. Gott ist in allem dabei. Das teilte Jesus mit. – Wir geben es weiter.

Wunder

Wunder haben es bei uns schwer. Das ist schon seit langer Zeit so. Wann immer von Wundern die Rede ist, scheinen sie uns dazu herauszufordern, ihre Unmöglichkeit nachzuweisen. Oder, daß das Wunder gar kein Wunder war und man nur genau hinsehen müsse, um zu erkennen, daß alles mit rechten Dingen zuging. Oder, daß alles Reden von Wundern schlichter Unfug ist. Wir haben ein sprödes Verhältnis zu allem, was sich nicht einordnen läßt in die für jeden Menschen plausible Abfolge von Ursache und Wirkung. Daß unter uns Ereignisse Raum haben sollen, die sich unserer Einsicht in ihren innerweltlichen Ursprung entziehen und nicht erkennen lassen, wie Menschen sie beliebig wiederholen können, macht uns unruhig: Wir geben uns Mühe, alles vernünftig aufzulösen, um danach beruhigt ohne Wunder in unserer ausdeutbaren Welt weiterleben zu können. Die menschliche Vernunft will ordnen. Wunder sind unordentlich.

Aber Wunder haben es bei uns nicht nur deswegen schwer, weil wir vernünftig sind und alles erklären wollen. Wunder haben es auch deswegen schwer, weil Menschen allzuoft und bis in unsere Tage – und sicher auch in Zukunft – von Wundern reden, wo keine Wunder sind, und damit entweder ihre Torheit oder ihre Bosheit mit Geheimnissen umhüllen. Solche Erfahrungen haben unsere ohnehin vorhandene Skepsis soweit gebracht, daß wir uns auf Wunder gar nicht erst einlassen. Die Wahrheit kommt ohne Wunder aus, ist unser Grundsatz. Und daraus folgt: Wo Wunder ins Spiel kommen, gerät die Wahrheit ins Abseits.

Diese Erwägungen sollen dem Menschen, der sich in ihnen wiederfindet, sagen, daß er ein gutes Recht hat, reserviert zu bleiben, wenn Wunder mit dem Anspruch vor ihn treten, daß er sie anerkenne als ein Walten höherer Mächte. Wer so denkt, hat zumindest in dieser Beziehung Jesus auf seiner Seite, der die Wünsche der Menschen, daß er sich durch Wunder vor ihnen endgültig legitimiere, hart zurückwies. Und doch hat er ja nach den Berichten der Evangelien manches getan, was eben doch ein Wunder war, wenn das Wort noch seinen Sinn behalten soll.

So berichtet das Lukasevangelium (Kapitel 9, 11–17), daß viele Menschen hinausgegangen waren in die Wüste in der Nähe der Stadt Bethsaida. Sie hatten gehört, daß sich Jesus dort aufhielt. Er ließ sie zu sich kommen »und sagte ihnen vom Reich Gottes und machte gesund, die es bedurften. Aber der Tag fing an, sich zu neigen. Da traten die zwölf Jünger an ihn heran und sprachen zu ihm: Schicke die Leute fort, damit sie in die nächsten Ortschaften gehen können, um dort Herberge und Speise zu finden. Wir sind hier doch in der Wüste. Jesus antwortete ihnen: Gebt ihr ihnen zu essen! Sie sagten: Wir haben nicht mehr als fünf Brote und zwei Fische. Das könnte nur anders werden, wenn wir losgehen und für so viele Menschen Speisen einkaufen. (Es waren ungefähr fünftausend Menschen da.) Jesus antwortete seinen

Jüngern: Laßt sie sich setzen in Gruppen von jeweils fünfzig. Die Jünger erfüllten diesen Auftrag. Und alle Menschen setzten sich hin. Da nahm Jesus die fünf Brote und die zwei Fische, sah zum Himmel auf und sprach über den Speisen ein Dankgebet. Dann teilte er alles und gab es den Jüngern, damit sie es den Menschen vorlegten. Die aßen, und alle wurden satt. Und zwölf Körbe voll wurden aufgehoben. Soviel war übriggeblieben.«

Unsere Vernunft sperrt sich dagegen, anzuerkennen, daß man mit fünf Broten und zwei Fischen fünftausend Menschen satt bekommt. Schließlich soll auch noch mehr übriggeblieben sein, als anfangs vorhanden war. Und unser Glaube kann sich nicht vorstellen, daß Gott nichts mehr von ihm wissen will, wenn wir diesem Wunder mit gleicher Zurückhaltung begegnen wie allen anderen. Ich kenne viele redliche Versuche, damit zurechtzukommen. Und sicher gibt es noch mehr, die ich nicht kenne.

Ich habe für mich herausgefunden, daß das Wunder der Speisung in der berichteten Erzählung des Lukas nur eines von drei Wundern ist, von denen wir im selben kurzen Abschnitt erfahren.

Am Anfang der Erzählung hören wir davon, daß Jesus diejenigen gesund machte, die es bedurften. Die Beiläufigkeit, mit der der Evangelist uns das erzählt, läßt leicht darüber hinwegsehen, daß diese Krankenheilungen nicht weniger Wunder sind als die Speisung der fünftausend Menschen. An anderen Stellen der Evangelien werden Heilungen ausführlicher berichtet. Jesus legt kranken Menschen die Hände auf den Kopf, berührt blinde Augen, spricht ein Gebetswort oder tut sonst etwas. Und immer heißt es, daß die Kranken heil wurden. Hat er nun wirklich geheilt? Oder fallen diese Wunder unserer Skepsis ebenso zum Opfer wie das der Speisung und die anderen dazu?

Das dritte Wunder ist das unscheinbarste im Bericht des Lukas: Jesus sagte den Menschen vom Reich Gottes. Ich kann meinen Glauben lösen von der Speisungsgeschichte. Ich kann ihn auch noch lösen von den Heilungen. Aber davon, daß Jesus den Menschen vom Reich Gottes sagte, kann ich meinen Glauben nicht lösen. Hier muß mein Glaube Antwort geben. Und ist denn diese Antwort weniger behaftet mit all den Skrupeln meiner skeptischen Vernunft als die, die ich der Speisung und den Heilungen zu geben weiß? Ist nicht das unendlich größere Wunder dies, daß hier ein Mensch ist, Jesus von Nazareth, in dessen Person das Gottesreich glaubhaft erscheint? Die hungrigen Fünftausend, denen er auf wunderbare Weise satt zu essen gab, brauchten wenige Stunden später neue Speise. Die Kranken, die er heilte, blieben nicht heil; spätestens bei ihrem Sterben holte sie die Krankheit wieder ein. Wunderbare Ereignisse; doch die Kraft des Wunders hielt der Zeit nicht stand und ging an der Vergänglichkeit zugrunde. Das Wort vom Reich Gottes aber ist das Wunder, das alle anderen Wunder klein erscheinen läßt: Es senkt sich in die Herzen und Sinne endlicher Menschen und wirkt Vertrauen in die Ewigkeit. Und dies Vertrauen trägt hindurch durch alle Zeiten, durch Hunger, Krankheit und den Widerspruch, den die Vernunft in uns auch dagegen anmeldet. Jesus sagt den Menschen vom Reich Gottes. Wenn Gott wahrhaftig Gott ist und unausdenkbar in seiner Liebe zu uns Menschen – wenn Jesu Reden vom Reich Gottes wahrhaftes Zeugnis von dem Gott ist, den sich kein Mensch erdenken kann, dann ist kein größeres Wunder geschehen als damals in den Tagen seines Redens, auch in der Wüste bei Bethsaida.

Für die Frage, ob das Speisungswunder so geschah, wie Lukas uns berichtet, ist dies kein Beweis. Mein Glaube sollte auch ohne dieses Wunder leben können. Doch meine skeptische Vernunft muß zur Kenntnis nehmen, daß ich mich dem größten Wunder Gottes geöffnet habe. Hier bestreite ich meiner Vernunft jede Zuständigkeit. So wird sie lernen müssen, bescheidener zu werden, wenn sie den kleinen Wundern Gottes ihr Urteil sprechen will.

Sehen

Der Mensch sieht, was vor seinen Augen ist. Aber sehen unsere Augen wirklich das, was vor ihnen ist? Wir tragen uns selbst, unsere Erfahrungen und Erwartungen und noch viel mehr dazu in die Bilder ein, die unsere Augen aufnehmen. Und wir löschen aus diesen Bildern aus, was unseren Erfahrungen und Erwartungen und all dem vielen mehr in uns nichts sagt. So kommt es wohl, daß Menschen dasselbe sehen und dann ganz verschieden über das Gesehene berichten, wobei dann jeder ohne Zweifel meint, daß sein Bericht verläßlich Auskunft gibt über das, was war und viele mit ihm sahen.

Das Lukasevangelium (20, 20–26) berichtet von einem Ereignis, bei dem dieses Sehen und Doch-nicht-Sehen eindrucksvoll deutlich wird. Jesu Feinde wollten ihn in eine Situation bringen, in der er sich entweder die Verachtung seiner jüdischen Landsleute oder die Verfolgung durch die römischen Besatzungsbehörden zuzog. So sandten sie einige Menschen zu Jesus, die sich fromm stellten und ihm die scheinheilige Frage vorlegten, ob es recht sei, dem römischen Kaiser Steuern zu bezahlen oder nicht. »Meister«, sagten sie zu Jesus, »wir wissen, daß du aufrichtig redest und lehrst, und zwar ohne Ansehen der Person; du lehrst den Weg Gottes recht.«

Solche Interview-Methoden, die dem Befragten in der Hoffnung seiner Befrager keine andere Wahl lassen als die, sich durch seine Antwort entweder der

Verachtung oder der Verfolgung auszusetzen, kennen wir aus unseren Massenmedien. Wir wissen aber auch, wie selten die Methode zum erhofften Ziel führt: Die Menschen haben gelernt, an solchen Fragen vorbei zu antworten. Und am Ende war alles meist ziemlich überflüssig.

Jesus, so berichtet das Lukasevangelium, merkte die List der Menschen, die da vor ihm standen. Und er sagte ihnen, daß sie ihn doch nur unfair auf die Probe stellen wollten. Aber damit ließ er sie nicht gehen; denn es ging ihm nicht darum, sich unbeschadet aus der Affäre zu ziehen. Vielmehr wollte er den Menschen zeigen, wie auch eine unredliche Frage die Wahrheit nicht zum Schweigen bringen kann. Und daß die Wahrheit niemals den beschämt, der für sie eintritt, sondern den, der sie verstummen lassen will.

»Zeigt mir eine Münze«, forderte Jesus, »und sagt mir, wessen Bild und Umschrift sie trägt.« Die Menschen antworteten: »Sie trägt des Kaisers Bild und Umschrift.« Da sagte Jesus zu ihnen: »So gebt dem Kaiser, was des Kaisers ist, und Gott, was Gottes ist.« Lukas beendet seinen Bericht mit den Worten: »Sie konnten sein Wort nicht tadeln vor dem Volk und verwunderten sich seiner Antwort und schwiegen stille.«

Die Menschen, die gekommen waren, um Jesus mit ihrer Frage in die Ausweglosigkeit zu führen, und dabei versuchten, voll frommer Besorgnis zu erscheinen, zeigten mit ihrer Antwort, wessen Geistes Kinder sie wirklich waren. Sie sahen, was ihnen scheinbar vor Augen lag: die Münze mit dem Bild des Kaisers und der Umschrift, die seinen Namen trug. Aber mehr sahen sie nicht. Sie sahen nicht, daß diese armselige kleine Münze, nichts anderes als ein Stück geprägten Metalls, auch ein anderes Gesicht und eine andere Umschrift trug, die der erkennen kann, der Gott in dieser Welt am Werke weiß. Sie sahen nichts als Kaisers Bild und Kaisers Namen. Sie sahen nicht, was das Auge des Glaubenden erkennt, daß diese Münze – wie alles in der Welt – durchsichtig wird für die Macht des Schöpfers. Sie trugen nicht in ihren Augen das Wissen, daß alles, was dem Menschen von Gott in die Hand gegeben wird, die Frage an ihn stellt, wie er damit am besten seinem Schöpfer dienen kann. Für sie war Gott im Himmel, und sein Dienst geschah im Tempel zu Jerusalem. Herr auf der Erde war der Kaiser, der die Münzen prägen ließ mit seinem Bilde und mit seinem Namen.

Der Glaubende erkennt auch noch im römischen Kaiser das Ebenbild Gottes, der die Welt erschuf und sie dem Menschen, seinem Bilde, anvertraute. Der Glaubende liest noch im Namen des Kaisers den Anruf Gottes an alle seine Menschen, wodurch sie Menschen werden unverwechselbar und unaustauschbar: vor Gott verantwortliche Geschöpfe hier und in Ewigkeit.

»Gebt dem Kaiser, was des Kaisers ist, und Gott, was Gottes ist!« Mit anderen Worten: »Ihr, die ihr in die Welt blickt und in ihr nur Welt erkennen könnt, ihr müßt der Welt erstatten, was in euren Augen nichts als welthaft ist. Wie wollt ihr irgend etwas wirklich Gott geben, den ihr in seinen Gaben an euch nicht erkennen könnt? Ihr aber, die in allen Dingen die Gegenwart des Schöpfers sehen, der euch zum Dienen ruft an seiner Schöpfung, ihr dient dem

Schöpfer in seiner euch anvertrauten Schöpfung mit eurer redlichen Antwort auf die Frage, wie man mit allem seinem Schöpfer am besten dienen kann.«

Was Gottes und was des Kaisers ist, steht auf keiner Münze und auch sonst nirgendwo in zweifelsfreier Schrift. Es steht in den Augen der Menschen. Und so muß jeder selbst die Antwort geben.

IV
Zum Ziel

Hoffnung

Palmsonntag

Menschen haben Hoffnungen. In jungen Jahren tragen die Hoffnungen Flügel. Sie fliegen herbei und davon und lassen sich nur selten fangen. Beglückungen und Enttäuschungen begleiten ihr Kommen und Gehen. Ihr Spiel mit dem Menschen übt ihn ein, mit ihrer Notwendigkeit wie mit ihrer Unbeständigkeit umzugehen. Ohne die Hoffnungen brächte ihn nichts voran. Ohne ihr Zerrinnen könnte er nicht reifen.

Später, wenn sein Leben Konturen annimmt auf das hin, was es sein soll, bleiben einige Hoffnungen bei ihm. Er lebt mit ihnen und nimmt oft kaum wahr, daß sie Hoffnungen sind: notwendig und flüchtig.

Bei manchen Menschen sind die Hoffnungen weit gespannt. Sie lassen erkennen, wie vielfältig die Chancen sind, die der Mensch zu haben meint. Kommt er mit einer Hoffnung an das Ziel, rufen ihn andere auf neue Bahnen. Erweist ihm eine ihre Nichtigkeit, lassen ihn andere die nichtige vergessen. Bei manchem Menschen bleiben nur wenige Hoffnungen zurück, wenn erst das Spiel der jungen Jahre aus ist. Dann ist es oft, daß die Erfüllung einer Hoffnung neue Hoffnung weckt und daß vergebliches Hoffen Hoffnungen zerstört.

Niemand kann ohne Hoffnung wirklich leben. Der Hoffnungslose hat das Leben hinter sich; seine Tage sind voll verzehrender Gleichgültigkeit.

Manchmal im Leben, wenn die Erfüllung einer

Hoffnung zum Signal wird, werden die anderen Hoffnungen bedeutungslos: Die Hoffnung des Gefangenen auf Freiheit, des Kranken auf Gesundheit, des Einsamen auf Gemeinschaft, des Unschuldigen auf Freispruch, des Liebenden auf Erhörung, des Leidenden auf Ruhe, des Schiffbrüchigen auf Rettung treibt, was sonst noch Hoffnung war, hinter den Horizont. Und alle Kraft der Hoffnung füllt das Bild der Zukunft, die gut erscheint, weil sie die Gegenwart zu ihrem Gegenteil verwandelt haben wird. Solche einsamen Hoffnungen erweisen ihre Kraft, wenn sie Menschen durch Lebenszeiten tragen, in denen andere nichts als Hoffnungslosigkeit erkennen können. Sie erweisen ihre Kraft aber auch durch die Verzweiflung, die beim Menschen bleibt, wenn seine einzige Hoffnung schwindet. Hoffnungen sind Chancen und Verhängnisse. Wir entrinnen ihnen nicht.

Zeitalter lösen einander ab. Auch unsere eigene Geschichte ist dem Anderswerden unserer Umwelt ausgesetzt. Solche Wechsel verändern die Bilder, in denen Menschen ihre Zukunft erkennen möchten. Die Hoffnung nimmt sich der Bilder an und sorgt dafür, daß der Mensch sie nicht ohne Not aufgibt. Sie macht aus ihnen auf diese Weise Sinn-Bilder seines Lebens. Ihre Gültigkeit gibt seinem Leben Sinn. Ihr Verfall bringt ihm Resignation. So weisen uns alle Hoffnungen unseres Lebens in die Zukunft. Die Macht der Hoffnungen in uns läßt ahnen, wie sehr unser Menschenleben auf Zukunft angelegt ist.

Vor Jahrtausenden lebte Abraham. Er war schon alt, als die Geschichte geschah, die jeden, der sie heute liest, befremden muß. Abraham lebte in einer

Hoffnung, neben der ihm alle anderen wesenlos geworden waren: daß er auf Gottes Wort vertrauen kann. Lebendiges Bild dieser Hoffnung war sein einziger Sohn Isaak, den Gott ihm verheißen hatte, als Abraham schon hoch in Jahren war, und den Sarah ihm geboren hatte, obwohl auch sie schon auf ihr Ende zuging. Ein Menschenleben lang war Abraham in allem dem gefolgt, wozu ihn Gottes Wort gerufen hatte. Verheißung und Geburt des Isaak waren am Ende des langen Weges Abrahams der letzte Grund der Hoffnung, mit dem Gott unterwegs gewesen zu sein, auf dessen Wort er ganz vertrauen konnte. In dieser Vertrauenswürdigkeit Gottes lag der Sinn aller vergangenen Tage des Lebens Abrahams. In ihr lag der Sinn all seiner kommenden Tage diesseits und jenseits des Todes. Sah Abraham dem Isaak in das Gesicht, dann sah er die Augen seines Sohnes; und durch sie hindurch erkannte er immer aufs neue, daß es gut war und bleibt, sein Leben ganz auf Gottes Treue einzulassen.

Und dann geschah, was jeden, der es heute liest, befremden muß. »Gott sprach zu Abraham: Nimm Isaak, deinen einzigen Sohn, den du liebst, und gehe hin in das Land Morija und opfere ihn dort zum Brandopfer auf einem Berge, den ich dir sagen werde. Da stand Abraham des Morgens früh auf und gürtete seinen Esel und nahm mit sich zwei Knechte und seinen Sohn Isaak. Und er spaltete Holz zum Brandopfer, machte sich auf und ging hin an den Ort, von dem ihm Gott gesagt hatte. Am dritten Tage hob Abraham seine Augen auf und sah die Stätte von ferne. Er sprach zu seinen Knechten: Bleibt ihr hier mit dem Esel. Ich und der Knabe wollen dorthin ge-

hen. Und wenn wir gebetet haben, wollen wir wieder zu euch kommen. Und Abraham nahm das Holz zum Brandopfer und legte es auf seinen Sohn Isaak. Er aber nahm das Feuer und Messer in seine Hand. Und die beiden gingen miteinander. Da sprach Isaak zu seinem Vater Abraham: Siehe, hier ist Feuer und Holz. Wo ist aber das Schaf zum Brandopfer? Abraham antwortete: Mein Sohn, Gott wird sich ein Schaf zum Brandopfer ersehen. Und die beiden gingen miteinander. Und als sie an die Stätte kamen, die ihm Gott gesagt hatte, baute Abraham dort einen Altar und legte das Holz darauf und band seinen Sohn Isaak, legte ihn auf den Altar oben auf das Holz und reckte seine Hand aus und faßte das Messer, daß er seinen Sohn schlachtete.«
1. Mose 22, 2–10

Die Geschichte geht dann doch noch gut aus: Ein Engel des Herrn verbietet Abraham, die Hand an Isaak zu legen. Gott hat Abrahams Gehorsam auf die Probe stellen wollen. An Isaaks Stelle opfert Abraham einen Widder. Aber dieses gute Ende kannte Abraham erst später: Bis zu dem Augenblick, in dem ihn der Engel anrief, gab es für ihn nichts anderes als den Auftrag Gottes, seinen Sohn zu töten. Und mit dem Sohn, den er liebhatte und der sein einziger war, sollte er den Grund seiner Lebenshoffnung auslöschen: daß er auf Gottes Wort vertrauen kann. Der Befehl Gottes, den Isaak zu opfern, ließ Abraham keinen Ausweg, um diese Hoffnung heil hindurchzutragen: Verweigerte er Gott den Gehorsam, so bestätigte er ihm den Verlust seiner Vertrauenswürdigkeit. Opferte er den Isaak, so machte er auf Gottes Befehl mit eigener Hand die Hoffnung zunichte, auf die er sein Leben und Sterben setzen wollte: daß er auf Gottes Wort vertrauen kann.

Abraham war bereit, den Weg mit Gott zu Ende zu gehen, auch wenn ihm auf diesem letzten Stück des Weges alles zerrann, was einmal sein Bild vom vertrauenswürdigen Gott bestimmt hatte. Er nahm seine Hoffnungslosigkeit mit auf den Berg Morija, bereit, sie mit dem Sohn dem Gott zu opfern, dem zu vertrauen es nun keinen Grund mehr für ihn gab. Und er nahm auch mit dorthin alle seine Bilder und Gedanken, in denen er jemals Gottes Vertrauenswürdigkeit beschrieben fand. Er wußte, daß er leer zurückkehren würde. Und er wußte, daß Gott dann auch noch dasein würde. Und schließlich wußte er, daß es in ihm nichts mehr geben würde, im Dasein Gottes eine Hoffnung zu erkennen. Abraham war bereit, eher als Hoffnungsloser bei Gott zu bleiben, als sich ohne Gott an Hoffnungen zu halten, die er sich hätte selber machen müssen. Hoffnungslosigkeit in Gott lag ihm unendlich näher als Hoffnung auf sich selber, die doch einmal in Illusion vergehen mußte. Hoffnungslosigkeit in Gott birgt in sich Hoffnung jenseits alles dessen, was je von unserer Hoffnungslosigkeit bestimmt sein kann. Es ist die Hoffnungslosigkeit vom Kreuz: »Mein Gott, warum hast du mich verlassen?«

Traurigkeit

Gründonnerstag

Am Abend aber kam er mit den Zwölfen. Und als sie zu Tische saßen und aßen, sprach Jesus: Wahrlich, ich sage euch: Einer unter euch, der mit mir isset, wird mich verraten. Und sie wurden traurig und sagten zu ihm, einer nach dem anderen: Bin ich's? Er aber sprach zu ihnen: Einer aus den Zwölfen, der mit mir in die Schüssel taucht.

Zwar des Menschen Sohn geht hin, wie von ihm geschrieben steht; weh aber dem Menschen, durch welchen des Menschen Sohn verraten wird! Es wäre demselben Menschen besser, daß er nie geboren wäre.

Und indem sie aßen, nahm Jesus das Brot, dankte und brach's und gab's ihnen und sprach: Nehmet; das ist mein Leib. Und nahm den Kelch und dankte und gab ihnen den; und sie tranken alle daraus. Und er sprach zu ihnen: Das ist mein Blut des neuen Testaments, das für viele vergossen wird. Wahrlich, ich sage euch, daß ich hinfort nicht trinken werde vom Gewächs des Weinstocks bis auf den Tag, da ich's neu trinke in dem Reich Gottes. Und da sie den Lobgesang gesprochen hatten, gingen sie hinaus an den Ölberg.«
Markus 14, 17–25

Vor Gethsemane

Die Nacht war nahe an des Judas Stunde.
Du saßest bei den Freunden, Herr, und brachst
das Brot zum Mahl und nahmst den Kelch und sprachst
von deinem Leib und Blut im neuen Bunde.

Du blicktest auf die Freunde in der Runde
und sahst: Sie werden schlafen, wenn du wachst,
und ratlos sein, wenn du am Kreuz entfachst
des Lebens Glut in deiner Todeswunde.

In ihren Augen war das alte Licht:
Es warf um deine Traurigkeit Erbarmen,
das Menschen unter Freunden einsam macht

und Ferne schafft, in der sich Hoffnung bricht.
Du bargst die Traurigkeit in deinen Armen.
Dann gingst du mit den Freunden in die Nacht.

»Sie kamen zu einem Hofe mit Namen Gethsemane. Und er sprach zu seinen Jüngern: Setzet euch hier, bis ich gebetet habe. Und nahm mit sich Petrus und Jakobus und Johannes und fing an zu zittern und zu zagen und sprach zu ihnen: Meine Seele ist betrübt bis an den Tod; bleibet hier und wachet! Und ging ein wenig weiter, fiel auf die Erde und betete, daß, so es möglich wäre, die Stunde an ihm vorüberginge, und sprach: Abba, mein Vater, es ist dir alles möglich; nimm diesen Kelch von mir; doch nicht, was ich will, sondern was du willst! Und kam und fand sie schlafend und sprach zu Petrus: Simon,

schläfst du? Vermochtest du nicht, eine Stunde zu wachen? Wachet und betet, daß ihr nicht in Versuchung fallet! Der Geist ist willig; aber das Fleisch ist schwach. Und er ging wieder hin und betete und sprach dieselben Worte und kam wieder und fand sie abermals schlafend; denn ihre Augen waren voll Schlafs, und sie wußten nicht, was sie ihm antworten sollten. Und er kam zum dritten Mal und sprach zu ihnen: Ach, wollt ihr nun schlafen und ruhen? Es ist genug; die Stunde ist gekommen. Siehe, des Menschen Sohn wird überantwortet in der Sünder Hände. Stehet auf, laßt uns gehen! Siehe, der mich verrät, ist nahe.«
Markus 14, 32–42

Kreuz

Karfreitag

Als sie kamen an die Stätte, die da heißt Schädelstätte, kreuzigten sie ihn daselbst und die Übeltäter mit ihm, einen zur Rechten und einen zur Linken. Jesus aber sprach: Vater, vergib ihnen; denn sie wissen nicht, was sie tun! Und sie teilten seine Kleider und warfen das Los darum. Und das Volk stand und sah zu. Auch die Obersten spotteten und sprachen: Er hat andern geholfen; er helfe sich selber, ist er der Christus, der Auserwählte Gottes. Es verspotteten ihn auch die Kriegsknechte, traten zu ihm und brachten ihm Essig und sprachen: Bist du der Juden König, so hilf dir selber! Es war aber auch über ihm die Überschrift: Dies ist der Juden König.

Aber der Übeltäter einer, die da gehenkt waren, lästerte ihn und sprach: Bist du nicht der Christus? Hilf dir selbst und uns! Da antwortete der andere, strafte ihn und sprach: Fürchtest du dich auch nicht vor Gott, der du doch in gleicher Verdammnis bist? Und wir zwar sind mit Recht darin, denn wir empfangen, was unsre Taten wert sind; dieser aber hat nichts Unrechtes getan. Und er sprach: Jesus, gedenke an mich, wenn du in dein Reich kommst! Und Jesus sprach zu ihm: Wahrlich, ich sage dir: Heute wirst du mit mir im Paradiese sein.

Und es war schon um die sechste Stunde, und es ward eine Finsternis über das ganze Land bis an die neunte Stunde, und die Sonne verlor ihren Schein, und der Vorhang des Tempels zerriß mitten entzwei.

Und Jesus rief laut und sprach: Vater, ich befehle meinen Geist in deine Hände! Und als er das sagte, verschied er.«
Lukas 23, 33–46

Auf Golgatha

Am Tag von Golgatha, Herr, kam die Not
zu deinem Kreuz, des Todes Sieg zu künden.
Du gingst dahin, das Leben zu begründen.
Jetzt gehen wir von Not und Tod bedroht

durch unsern Tag und hören dein Gebot,
in deiner Liebe unser Heil zu finden:
Du willst die Not in dein Vergehen binden
und in dein Leben bergen unsern Tod.

Auf dein Gebot folgt unser stilles Nein;
denn vor dein Lieben stellt sich unser Sorgen.
Du sagst, daß du der Zweifelnden gedenkst.

Wir werden wie die Träumenden wohl sein,
wenn du uns schauen läßt dein ewges Morgen
und unserm Mangel deine Fülle schenkst.

»Wenn der Herr die Gefangenen Zions erlösen wird,
dann werden wir sein wie die Träumenden.
Dann wird unser Mund voll Lachens
und unsre Zunge voll Rühmens sein.
Dann wird man sagen unter den Heiden:
Der Herr hat Großes an ihnen getan!

Der Herr hat Großes an uns getan;
des sind wir fröhlich.
Herr, bringe zurück unsre Gefangenen,
wie du die Bäche wiederbringst im Südland.
Die mit Tränen säen, werden mit Freuden ernten.
Sie gehen hin und weinen und streuen ihren Samen
und kommen mit Freuden und bringen
ihre Garben.«
Psalm 126

Und Gott sprach: Das ist das Zeichen des Bundes, den ich geschlossen habe zwischen mir und euch und allem lebendigen Getier bei euch auf ewig: Meinen Bogen habe ich in die Wolken gesetzt; der soll das Zeichen sein des Bundes zwischen mir und der Erde. Und wenn es kommt, daß ich Wetterwolken über die Erde führe, so soll man meinen Bogen sehen in den Wolken. Alsdann will ich gedenken an meinen Bund zwischen mir und euch und allem lebendigen Getier unter allem Fleisch, daß hinfort keine Sintflut mehr komme, die alles Fleisch verderbe.«
1. Mose 9, 12–15

Vom dritten Tage

Ich sinne, Herr, dem dritten Tage nach,
der viele Tage fern ist meinen Tagen.
Ich möchte einmal deine Freunde fragen,
wie alles war, bevor der Tag anbrach,

und was der Engel zu den Frauen sprach
und wer den Stein von Grabes Tür getragen
und ob darinnen leere Tücher lagen.
Ich habe Fragen in mir hundertfach.

Da spricht ein Bild: Wie einst für Noahs Hoffen
im Regenbogen Gottes Wort geschah,
daß keine Sintflut mehr die Erde schlage,

so sei mein Sinnen einem Zeichen offen:
die Sonne, die den Auferstandnen sah,
ist auch die Sonne aller meiner Tage.

»Aber am ersten Tage der Woche sehr früh kamen sie zum Grabe und trugen die Spezerei, die sie bereitet hatten. Sie fanden aber den Stein abgewälzt von dem Grabe und gingen hinein und fanden den Leib des Herrn Jesus nicht. Und da sie darum bekümmert waren, siehe, da traten zu ihnen zwei Männer mit glänzenden Kleidern. Und sie erschraken und schlugen ihr Angesicht nieder zur Erde. Da sprachen die zu ihnen: Was suchet ihr den Lebendigen bei den Toten? Er ist nicht hier; er ist auferstanden. Gedenket daran, wie er euch sagte, da er noch in Galiläa war und sprach: Des Menschen Sohn muß überantwortet werden in die Hände der Sünder und gekreuzigt werden und am dritten Tage auferstehn. Und sie gedachten an seine Worte. Und sie gingen wieder vom Grabe und verkündigten das alles den elf Jüngern und den andern allen. Es war aber Maria Magdalena und Johanna und Maria, des Jakobus Mutter, und die andern mit ihnen, die solches den Aposteln sagten. Und es erschienen ihnen diese Worte, als wären's Märchen, und glaubten ihnen nicht. Petrus aber stand auf und lief zum Grabe und bückte sich hinein und sah nur die leinenen Tücher und ging davon und wunderte sich über das, was geschehen war.« Lukas 24, 1–12

Auferstehung

Ostersonntag

Wenn uns die Osternachricht wirklich etwas angeht, daß Jesus von den Toten auferstanden ist, dann geht uns diese Nachricht täglich etwas an, nicht nur zu Ostern. Das ist wohl so wie in der Liebe. Ein Mann, der eine Frau wirklich liebt – eine Frau, die einen Mann wirklich liebt, sie erinnern sich ihrer Liebe nicht nur in den Stunden des Beisammenseins. Ich bin ein anderer Mensch, wenn ich liebe. Meine Gedanken, meine Worte, meine Empfindungen, meine Pläne und Taten, meine Hoffnungen und Wünsche, meine Ängste, meine Freuden, überhaupt mein ganzes Leben ist bestimmt davon, daß da ein Mensch ist, den ich liebe. Er kommt in meinem Leben ständig vor, wie immer ich auch dieses Leben gerade lebe. Dies ist denn wohl das Merkmal wahrer Liebe: Der, der liebt, kann nicht anders leben als in Begleitung des geliebten Menschen, mag der nun bei ihm oder ferne von ihm sein.

So ähnlich ist es auch mit dem Glauben. Liebe ist nicht schon Liebe, weil sie es von Zeit zu Zeit zu sein behauptet. Glaube ist nicht schon Glaube, weil er von Zeit zu Zeit von sich reden macht. Und Glaube an die Auferstehung Jesu von den Toten kann nur heißen, daß es gerade dieser Glaube ist, der mein Leben begleitet. Meine Gedanken, meine Worte, meine Empfindungen, meine Pläne und Taten, meine Hoffnungen und Wünsche, meine Ängste, meine Freuden, überhaupt mein ganzes Leben ist bestimmt davon, daß Jesus von den Toten auferstanden ist. Wenn das nicht gilt, geht mich die Osternachricht gar nichts an. Wir sollten mit uns selber ehrlich sein.

Liebe macht unruhig. Glaube macht auch unruhig. Es ist ein Wagnis, sich darauf einzulassen. Die Unruhe, die von dem Glauben an die Auferstehung Jesu von den Toten ausgeht, hat ihren Grund darin, daß er sterben mußte, damit er von den Toten auferstehen konnte. Wenn mich das etwas angeht, so, daß es mein Leben begleitet, dann kann ich meinen eigenen Tod nicht mehr vergessen. Dann erinnert mich mein Glaube unablässig daran, daß meine Zeit abnimmt. Der Auferstandene macht mir den Tod nicht gleichgültig. Der Auferstandene setzt mich in die Lage, den Tod als wesentliches Ereignis meines Lebens ernst zu nehmen. Der Auferstandene mutet mir zu, den Tod, meinen Tod, zu bejahen, weil er die letzte Konsequenz des Lebens in der Zeit ist. Der Auferstandene mutet mir zu, die Wahrheit meines Lebens Wahrheit sein zu lassen. Er nimmt mir die Chance, mein Leben auf der Illusion der Dauer festzulegen. Und damit nimmt er mir die Chance jeglicher Illusion. Nur wenn das für mich gilt, geht mich die Osternachricht wirklich etwas an. Sie macht mich frei zu einem Leben in der Wahrheit. Wer diese Freiheit aushalten will, muß Gott zutrauen, daß er auch ihn von den Toten auferwecken kann.

Darum ging es dem Apostel Paulus, als er in seinem 1. Brief an die Gemeinde in Korinth diese Worte schrieb (Kapitel 15, 14–19):

»Ist aber Christus nicht auferstanden, dann ist unsere Predigt vergeblich und dann ist auch euer Glaube vergeblich. Wir würden aber auch als falsche Zeugen Gottes dastehen, weil wir gegen die Wahrheit gezeugt hätten, Gott hätte Christus auferweckt, den er gar nicht auferweckt hätte, wenn doch die Toten nicht auferstehen. Denn wenn die Toten nicht auferstehen, dann ist auch Christus nicht auferstanden. Ist aber Christus nicht auferstanden, dann ist euer Glaube nichtig, und ihr seid dann noch in euren Sünden. Dann sind aber auch alle, die im Vertrauen auf Christus gestorben sind, verloren. Hoffen wir allein in diesem Leben auf Christus, dann sind wir die elendesten unter allen Menschen.«

Dies begleitet mich. Es nimmt mich ganz in Pflicht. Meine Gedanken, meine Worte, meine Empfindungen, meine Pläne und Taten, meine Hoffnungen und Wünsche, meine Ängste, meine Freuden, überhaupt mein ganzes Leben ist bestimmt davon, daß mich der Auferstandene in die Wahrheit weist und mir verwehrt, mein Leben seiner Wahrheit zu entfremden.

Hier will der Widerspruch mich hindern, so zu sprechen. Ist nicht die Osternachricht gerade Lebenszuspruch? Und dieser Lebenszuspruch soll es sein, der unserer Todeswirklichkeit bewußten Raum schafft? Ich glaube, daß den Lebenszuspruch nur vernehmen kann, wer sich auch auf die Todeswirklichkeit einläßt. Das soll frohe Botschaft sein? Das ist frohe Botschaft.

»Wenn wir allein in diesem Leben in Christus Hoffnung haben, dann sind wir die erbärmlichsten aller Menschen«, sagt der Apostel Paulus. Und er sagt damit: Hoffnung in Christus birgt in sich zwar auch die Hoffnung auf die Überwindung alles dessen, was Menschen ängstet und quält. Doch hat Hoffnung in Christus darin nicht ihr Ziel. Wenn es denn wahr ist, daß »Hoffnung allein in diesem Leben« ans Ziel kommt und so zur Hoffnungslosigkeit wird, dann muß die andere Hoffnung in Christus, die nicht allein Hoffnung dieses Lebens ist, eine ewige Hoffnung sein. Und die Zukunft, die diese Zukunft für den Hoffenden bedeutet, muß eine ewige Zukunft sein.

Ewige Hoffnung kommt nicht ans Ziel, wird nie in Hoffnungslosigkeit aufgehen. Ewige Hoffnung kann nie deswegen zerbrechen, weil die verzehrende Zeit dem Hoffenden das erhoffte Ziel unmöglich erscheinen läßt. Ewige Zukunft verschleißt sich nicht in die Zeit hinein zur Vergangenheit.

In Christus Hoffnung haben heißt dann: ein Mensch sein, der ewige Zukunft hat – ein Mensch sein, dessen ewige Zukunft seine Gegenwart in jedem Augenblick aufs neue zu neuer Lebensmöglichkeit erschafft.

In Christus Hoffnung haben heißt dann: die Gegenwart als immer neue, echte Möglichkeit auch dann leben, wenn alle Hoffnung dieses Lebens zerbrochen ist, wenn Einsamkeit und Leiden und Trauer und Sterben und Gefangenschaft und Angst und Verfolgung nur noch im Tode an das Ende kommen können. In Christus Hoffnung haben heißt dann: auch in Einsamkeit und Leiden und Trauer und Sterben und Gefangenschaft und Angst und Verfolgung die eigene, unaufgebbare, unaustauschbare Lebensmöglichkeit zu ergreifen, weil in Christus Hoffnung haben heißt: in Einsamkeit nicht verlassen, in Leiden froh, in Trauer getrost, im Sterben lebendig, in Gefangenschaft frei, in Angst gewiß und in Verfolgung geborgen zu sein. Eine solche Hoffnung haben heißt: der Macht des Todes entnommen und so der Auferstehung teilhaftig zu sein.

Jesus war gekommen, um mit seinem ganzen Leben dafür zu zeugen, daß das Gesetz des Todes nicht mehr gilt dort, wo der Mensch mit der ewigen Hoffnung die Möglichkeit wahrhaften Lebens, das nicht zuschanden wird, ergreift. Er war gekommen, um den Menschen mit der ewigen Hoffnung, die nie in Hoffnungslosigkeit mündet, die ewige Zukunft zu eröffnen, die nie sich zur Vergangenheit verschleißt. Er war gekommen, um den Menschen zu sagen, daß das wahr ist, weil Gott unser Vater ist.

So erkennen wir das Leben des Christus, den seine Freunde nicht und den seine Feinde nur zu gut verstanden. Den die einen verließen und die anderen töteten, weil ihnen das Wagnis, allein in Gott zu hoffen, zu groß erschien – und sie doch gleichwohl spürten, daß es die Wahrheit ist.

Wir erkennen das Leben des Christus, der den Weg in Einsamkeit und Leiden und Trauer und Sterben und Gefangenschaft und Angst und Verfolgung bis in den Tod am Kreuz gegangen ist und so das Wagnis, allein in Gott zu hoffen, ausgelebt hat bis ans Ende.

Das Leben des Christus war erfüllt von der ewigen Hoffnung und mußte am Kreuz scheitern, um sich den Jüngern als auferstandenes Leben offenbaren zu können.

Das Leben des Christus war bestimmt von der ewigen Zukunft und mußte in der Verlassenheit von aller Hoffnung dieses Lebens vergehen, damit die Jünger seinen Weg ans Kreuz verstünden.

Das Leben des Christus mußte in der Einsamkeit enden, damit die ewige Hoffnung als unzerstörbare Lebensmöglichkeit für alle Menschen gepredigt werden kann.

Freiheit

Ostermontag

Die Nachricht von der Auferstehung Jesu Christi von den Toten bedeutet für den Christen Freiheit. Er erfährt mit dieser Nachricht, daß sein Leben auf eine Zukunft angelegt ist, vor der der Tod seine Ohnmacht eingestehen muß. Der Christ weiß, daß er dem Tod entgegengeht. Er weiß auch, daß der Tod das Ende seiner Möglichkeiten ist, mit eigenem Wollen und Handeln, eigenem Planen und Entscheiden, eigenem Reden und Schweigen verändernd in sein Leben und in das Leben seiner Mitmenschen hineinzuwirken. Sein Tod ist sein letztes Wirken – und das kommt in der Regel nicht mehr von ihm selber.

Der Glaube an die Osternachricht läßt den Christen darauf vertrauen, daß sich sein Leben nicht am Tode endgültig verschleißt. Der Glaube an die Osternachricht läßt ihn darauf vertrauen, daß sein Leben gültig bleibt auch dort, wo er nicht mehr wirken kann. Und das ist es, was seine Freiheit ausmacht. Von dieser Freiheit glaubt der Christ, daß sie sehr viel mehr bedeutet als nur das beglückende Bewußtsein, angesichts seines Todesschicksals nicht verzweifeln zu müssen. Der Christ meint, daß ihm die Freiheit anvertraut ist, damit gerade auch das, was sein Leben *vor* dem Tode ausmacht, von ihr bestimmt wird. Das Geschenk der Freiheit, das er im Glauben an die Auferstehung Jesu von den Toten annimmt, ist für den Christen keine Sonderzuwendung Gottes, die man aufs Konto legen kann, um sie im Augenblick des Bankrotts – wenn man den Tod einmal so nennen darf – flüssig zu machen, damit dann der Betrieb trotz allem weiterläuft. Der Christ begreift das Geschenk der Freiheit vor allem als Chance, sein Wollen und Handeln, sein Planen und Entscheiden, sein Reden und Schweigen nicht an der Todesfurcht, sondern an der Lebenshoffnung auszurichten. So begreift er das Geschenk der Freiheit als ein Geschenk an ihn, damit er anderen Menschen nützen kann.

Denn dieses ist ihm klar: Regiert die Todesfurcht in den Tiefen der Seele, dann ist der Mensch mit seinem Ich für sich selbst in allem das wichtigste Thema. Dann kauft er die Zeit aus und läßt andere die Rechnung bezahlen. Dann will er fröhlich sein, bevor es dunkel wird, auch wenn dafür ein anderer trauern muß. Dann erobert er Raum, damit er immer Luft hat, solange er noch atmen kann, mögen auch andere dabei ersticken. Dann sucht er Macht und zwingt in seinen Dienst und gibt Gesetze, die seine Herrschaft sichern. Die Todesfurcht in seiner eigenen Seele lehrt ihn, sich ihrer in den Seelen anderer zu bedienen. Die Todesfurcht schafft eherne Gesetze, an denen die Freiheit anderer zerbricht. Die Todesfurcht gibt ihm ein, die Welt so zu gestalten, daß sie ihn sein Vergehen-müssen-in-der-Zeit nicht spüren läßt. Und für die Illusion, daß Zeit sich halten ließe, beansprucht er bedenkenlos Zeit, Freiheit, Leben und Glück anderer Menschen. Die Todesfurcht erklärt – und manchmal gar im Namen Gottes – menschliche Satzung für unwandelbar und heilig. Sie stellt als Frevler hin den Menschen, der sie fragt, wem sie zu dienen da ist: den Vielen oder nur den Mächtigen in dieser Welt.

Der Christ ist es, der diese Frage stellen muß. Und wenn man ihn deswegen Frevler nennt – und manchmal gar im Namen Gottes –, dann stellt er diese Frage noch einmal und immer wieder, bis er Antwort erhält oder sie selber gibt. Sein Glaube an die Wahrheit der Osternachricht hat ihn frei gemacht, dem Satz zu widersprechen, daß Todesfurcht zu Recht die letzte Norm sei, wenn Menschenmacht sich im Gesetz verfestigt. Der Christ weiß, daß die Freiheit, die sich ihm aus der Lebenshoffnung erschließt, von ihm verantwortlich verwaltet werden muß. Er nimmt diese Verantwortung dann wahr, wenn er sein Wollen und Handeln, sein Planen und Entscheiden, sein Reden und Schweigen aus seiner Lebenshoffnung so gestaltet, daß andere Menschen durch ihn frei zu eigener Lebenshoffnung werden.

»Was wollen wir nun hierzu sagen? Ist Gott für uns, wer mag wider uns sein? Welcher auch seines eigenen Sohnes nicht hat verschont, sondern hat ihn für uns alle dahingegeben; wie sollte er uns mit ihm nicht alles schenken? Wer will die Auserwählten Gottes beschuldigen? Gott ist hier, der da gerecht macht. Wer will verdammen? Christus ist hier, der gestorben ist, ja vielmehr, der auch auferweckt ist, welcher ist zur Rechten Gottes und vertritt uns. Wer will uns scheiden von der Liebe Gottes? Trübsal oder Angst oder Verfolgung oder Hunger oder Blöße oder Fährlichkeit oder Schwert? Wie geschrieben steht (Psalm 44, 23): Um deinetwillen werden wir getötet den ganzen Tag; wir sind geachtet wie

Schlachtschafe. Aber in dem allem überwinden wir weit durch den, der uns geliebt hat. Denn ich bin gewiß, daß weder Tod noch Leben, weder Engel noch Fürstentümer noch Gewalten, weder Gegenwärtiges noch Zukünftiges, weder Hohes noch Tiefes noch keine andere Kreatur kann uns scheiden von der Liebe Gottes, die in Christus Jesus ist, unserm Herrn.«
Römer 8, 31–39

Die Osternachricht redet von der Auferstehung Jesu von den Toten. Wer Christ ist, glaubt, daß diese Nachricht für ihn wichtig ist, weil sie ihm selbst die Auferstehung von den Toten zusagt. Der andere mißtraut der Osternachricht, weil er das Gesetz des Todes für das letzte Datum hält, nach dem es keine Freiheit gibt. Die Freiheit des Menschen, meint der andere, endet dort, wo der Tod dem Menschen die Möglichkeit nimmt, von seiner Freiheit auch Gebrauch zu machen. Von Freiheit kann im Ernst für ihn da nicht die Rede sein, wo sie gegen das Gesetz keinen Raum mehr gewinnen kann. Denn nur, wo sich der Mensch in seiner Feiheit dem fremden Willen, der ihn knechten will, versagen kann, ist Freiheit sinnvoll. Allein im Tod gilt das Gesetz total.

Auch der Christ redet von der Freiheit. Und auch der Christ redet von der Freiheit des Menschen als Möglichkeit, dem Gesetz, das ihn knechten will, zu widersprechen. Der Christ versteht jedes endgültige Gesetz, mag es von Menschen stammen oder aus der Beobachtung der Natur hergeleitet sein, grundsätzlich gleich. Für ihn ist es ein Abbild des Todesgesetzes, weil es letzte Grenzen aufrichtet. Und Grenzen bedeuten, daß ihm Entscheidungsmöglichkeiten vorenthalten werden, weil andere Instanzen schon für ihn die Entscheidung getroffen haben. Die Grundstruktur des Todesgesetzes kommt so klar ans Licht in allem, was dem Menschen als unabdingbares Gesetz begegnet: Die Freiheit soll an diesen Grenzen sinnlos werden, weil sie gegen das Gesetz keinen Raum mehr gewinnen kann.

Der Widerspruch des Christen gegen jedes Gesetz, das sich der Korrektur versagen will und seine Grenzziehung für endgültig erklärt, hat seinen Grund im Auferstehungsglauben. Denn dieser Glaube ist es ja gerade, der der Grundstruktur aller Gesetze, dem Todesgesetz, vor allem widerspricht. Der Christ meldet seine möglichen Widersprüche gegen die Gesetze nicht an, um dann eben doch dem Vater aller Gesetze, dem Todesgesetz, zu unterliegen. Der Christ meldet seine Widersprüche gegen die Gesetze an, weil er zuerst dem Vater aller Gesetze, dem Todesgesetz, widersprochen hat. So glaubt der Christ, daß seine Freiheit wirkliche Freiheit ist, weil nur sein Widerspruch mit gutem Grund respektlos ist gegenüber dem Argument, daß seine Freiheit am Gesetz des Todes nichtig wird und er mit seinem Widerspruch gegen den Herrschaftsanspruch des Gesetzes schließlich auf der Strecke bleibt.

Der Christ vertraut darauf, daß es gerade der Tod gewesen ist, der im Kampf mit dem Leben auf der Strecke blieb, und daß der Tod nicht nur für sich, sondern für alle seine Kinder die Gesetze, die Niederlage erlitten hat, die die grenzenlose Freiheit des Menschen begründete. Hierher gehören die hochgemuten Worte Martin Luthers aus seinem Osterlied

»Christ lag in Todesbanden«:

»Es war ein wunderlich Krieg,
da Tod und Leben rungen,
das Leben behielt den Sieg,
es hat den Tod verschlungen.
Die Schrift hat verkündet das,
wie ein Tod den andern fraß.
Ein Spott aus dem Tod ist worden.«

So versteht der Christ die Osternachricht und, aus ihr folgend, seinen Glauben an die Auferstehung von den Toten keineswegs als eine erfreuliche Beruhigung angesichts des Todesschicksals. Er versteht die Osternachricht und seinen Auferstehungsglauben als Befreiung vom Gesetz, mag es von Menschen stammen oder aus der Beobachtung der Natur hergeleitet sein. Er versteht diese Befreiung als Auftrag, den Widerspruch der Freiheit anzumelden, wo immer unausgewiesene Instanzen Grenzen setzen und so Respekt vor unbegriffenen Mächten fordern. Denn schließlich: Gott gab sich mir in Jesus Christus zu verstehen – wer kann danach noch fordern, von mir unverstanden anerkannt zu werden?

Furcht

Sonntag nach Ostern

Am Abend aber desselben ersten Tages der Woche, da die Jünger versammelt und die Türen verschlossen waren aus Furcht vor den Juden, kam Jesus und trat mitten ein und spricht zu ihnen: Friede sei mit euch! Und als er das gesagt hatte, zeigte er ihnen die Hände und seine Seite. Da wurden die Jünger froh, daß sie den Herrn sahen. Da sprach Jesus abermals zu ihnen: Friede sei mit euch! Gleichwie mich der Vater gesandt hat, so sende ich euch. Und da er das gesagt hatte, blies er sie an und spricht zu ihnen: Nehmet hin den heiligen Geist! Welchen ihr die Sünden erlasset, denen sind sie erlassen; und welchen ihr sie behaltet, denen sind sie behalten.«
Johannes 20, 19–23

Maria Magdalena, so berichtet das Johannesevangelium, hatte den Auferstandenen gesehen und mit ihm gesprochen. Ihre Worte hätten den Jüngern sagen können, warum Petrus und Johannes das Grab leer gefunden hatten. Nun saßen sie, die der Osternachricht der Maria Magdalena nicht trauen mochten, zusammen hinter verriegelten Türen, hatten Angst und wußten nicht, was sie von all dem halten sollten. Sie waren Jünger Jesu, des Gekreuzigten. Und schauten sie zurück auf die Zeit mit ihm, dann sahen sie nichts als Hoffnung, die am Unverstand der Menschen jäh zerbrach. Sie hatten Angst vor diesen

Menschen und davor, daß sich ihr Unverstand auch gegen sie Geltung verschaffen könnte. So saßen sie hinter verschlossenen Türen, besorgt um sich und ratlos vor der Zukunft.

Der Bericht des Johannesevangeliums gibt keine Auskunft auf die Frage, was diese Jünger miteinander sprachen. Wir lesen nur von ihrer Furcht und den verschlossenen Türen. Doch ist das Bild wohl Chiffre, die stehen soll für alle Zeiten und für alle Menschen, die erfahren, wie das Unheimliche Hoffnungen verschleißt! Wir brauchen nicht Bericht von Worten, die ständig reproduziert werden von dem uns Menschen eingeborenen Ritual der Fassungslosigkeit. Wir brauchen nur hinabzuloten in das Arsenal unserer Enttäuschungen: wir wissen, wie oft wir selbst schon ratlos und voller Furcht vor dem zu Mächtigen da draußen die Türen rings verschlossen. Wir kennen die Sprache der Betroffenheit und ihr hilfloses Bemühen, Geschehenes von seiner Endgültigkeit zu lösen in immer neuen, quälenden Wendungen des Konjunktivs. Es ist die Sprache, die von den Wänden und den verschlossenen Türen zurückgeworfen wird – und immer ohne Antwort bleibt, weil die Betroffenen mit sich allein sind. Wer so in Chiffren reden kann wie der Evangelist, schreibt keine Protokolle von verzagten Dialogen. Er wahrt die Diskretion und läßt zugleich die anderen, ihm unbekannten Fremden noch nach Jahrtausenden sich wiederfinden in jener furchterfüllten Jüngerrunde hinter verschlossenen Türen in Jerusalem.

Keine Analyse wird je die Motive erschöpfend beschreiben können, die Menschen dazu bringen, sich voll Furcht vor dem zu mächtigen »Draußenvor-der-Tür« zurückzuziehen hinter die verschlossenen Mauern der Häuser oder auch der Seelen. Kaum einer aber, der je Mensch war, wird von sich sagen können, daß ihm das niemals wiederfuhr. Die Traurigkeit der Jesus-Jünger am Abend des ersten Tages der Woche war nicht anders als alle Traurigkeit aus zerbrochener Hoffnung und verlorener Gemeinschaft zuvor und später. So werden die Mauern und die Türen, hinter denen sich die kleine Schar verbarg, um ihre Furcht ertragen und das Unfaßbare deuten zu können, durchsichtig für den, dem die Erfahrung ausweglosen Grams vertraut ist: Er sieht die Menschheit dort, wo Jesu Jünger sitzen. Und er sieht auch sich selbst als einen unter ihnen.

Wir müssen uns noch einmal aufmachen nach Jerusalem zu den ersten Jüngern, müssen noch einmal in ihrer Furcht unsere Furcht und in ihren verschlossenen Türen unsere wiederfinden. Wir müssen noch einmal alles eintragen in jenen Raum, was immer Menschen einzutragen haben in die Ausweglosigkeiten ihrer Sorge. Dann kann geschehen, daß uns der Bericht des Johannesevangeliums von der Begegnung des Auferstandenen mit seinen Jüngern jenseits von Fragwürdigkeit und Austauschbarkeit historischer Urteile das Alibi des Nichtdabeigewesenseins entwindet und uns erleben läßt, wie jene einst erlebten. Dann tritt er mitten unter uns und zeigt uns seine Hände und seine Seite. Dann werden neben uns die Jünger froh, wenn sie den Herrn sehen. Und dann ist dies der Augenblick, an dem es sich entscheidet, ob auch wir es sind, z denen der auferstandene Jesus sagt: »Friede sei mit euch!« und: »Wie mich der Vater gesandt hat, so sende ich euch.«

Der Auferstandene nämlich sprach zu frohen Menschen. Und ihre Freude wurde wach, als sie ihn sahen. Ist unsere Freude aus derselben Wurzel? Haben wir Freude? Was ist dann unsere Freude? Der Evangelist sagt, Freude war die Reaktion der Jünger, als in ihre Einsamkeit und Angst hinein Jesus trat, der sie begleitet hatte, der ihnen seine Nägelmale zeigte. So wies er seine Identität aus als Weggenosse bis nach Golgatha: Als der Vertraute und der Freund, dessen Leiden darauf vertrauen ließ, daß er zum Mitleiden und zum Verstehen fähig war. Das Abbild seiner Nägelmale hatte seinen Tod in ihre Seele eingeprägt und ihre Zeit zerbrochen in ein anderes Gestern und in ein anderes Heute. Als er zu ihnen kam in den aus Furcht verschlossenen Raum in Jerusalem, fanden sie ihre eigene Geschichte wieder, die sie unter dem Kreuz verloren hatten. Und mit ihrer Geschichte gewannen sie sich zurück – und Golgatha war nicht mehr Kluft zwischen Gestern und Heute, sondern Brücke zwischen den Zeiten, die ihr Leben waren. Das leistete der Vertraute seinen Freunden. Doch der Vertraute war zugleich der Fremde, der Abgeschiedene, Erledigte, dessen Verscheiden und Erledigung ihr Leben gespalten hatte. Zu ihnen kam der Auferstandene. In ihre Furcht und Abgeschlossenheit hinein geschah nun dieses, was sie sich selbst nicht ausdenken und was sie selbst auch nicht machen konnten. Diese Antwort auf die tiefe Fragwürdigkeit ihrer Situation fing die Sprache auf in ihrem hilflosen Bemühen, das Geschehene von seiner Endgültigkeit zu lösen in immer neuen, quälenden Wendungen des Konjunktivs. Diese Antwort fing die Sprache auf, die von den Wänden und verschlossenen Türen zurückgeworfen wurde auf die Betroffenen. Diese Antwort gab der Sprache Ruhe und neuen Raum zugleich jenseits von Furcht und Mauern.

Der Gegenwärtige, der Auferstandene ist der Freund von gestern. Der Freund von gestern ist der Auferstandene und gegenwärtig. Er zeigte sich und sprach: »Friede sei mit euch!« und »Gleichwie mich der Vater gesandt hat, so sende ich euch.« Er redete ihnen ihre Trauer nicht aus; denn er wußte, daß ihnen ihre Trauer gehörte. Ihre Freude war kein Mißverständnis über das Recht oder das Unrecht von Traurigkeit. Ihre Freude war, daß sie nun diese Mauern verlassen und ihre Furcht mitnehmen konnten, ohne ihre Trauer zu verraten. Sie konnten hinausgehen aus ihrer Verschlossenheit zu den Menschen, die nicht weniger als zuvor die Mächtigen waren. Sie konnten hinausgehen zu denen, die ohnmächtig waren wie sie und einen Nächsten brauchten. Sie konnten hinausgehen, wie er hinausgegangen war: ausgewiesen an seinem Leib als Mensch mit allen Menschen. Und sie konnten hineingehen in die Verschlossenheit und Ängste, so wie er in ihre Verschlossenheit und Angst gekommen war: als Bringer dessen, was wir Ostern nennen.

Dies also macht den Jünger Jesu aus, wenn das noch gilt, was der Evangelist beschrieb: mit allen Menschen das Geschick der Wanderschaft erfahren und den Gefährten auf dem Wege Ostern bringen. Da ist der Geist des Auferstandenen am Werk. Es widerspricht landläufigem Geschmack; doch da ist Freude, wo der Geist des Auferstandenen so am Werk ist. So ernst ist die Sache mit der Freude.

Der Geist des Auferstandenen ist nicht da am Werk, wo Unangefochtene auf ihrem Weg die Welt durchziehen. Nicht dort, wo Fröhliche beredt die Trauer denunzieren, wird ins Verfallensein an triste Ausweglosigkeit die Ahnung eingesenkt, daß Freude bleiben kann. Wo Menschen unterwegs den Schein verbreiten, sie seien schon am Ziele angekommen und ihre Wanderschaft Erfüllung launiger Pflichten, da kriecht die Weggefährten dumpfe Kälte an. Sie können nur noch dies: am Wegrand stehen bleiben und warten, bis der fremde Spuk vorbei ist. Der Geist des Auferstandenen gibt die Nägelmale weiter an alle, die er zu den Vielen sendet. Es sind die Stigmen, die der Zeitliche empfängt, der sich auf Ostern einläßt und doch weiß, daß ihn das nicht aus seiner Endlichkeit entbindet, sondern ihm zumutet, sich den so leicht geträumten Traum vom Entrinnen zu versagen. Er trägt die Nägelmale, weil die Befreiung des Ostermorgens ihn aus der Verhaftung löste, sein Leben zuzubringen unter dem Zwang, sich selbst zu definieren – und ihn in Anspruch nahm dafür, mit seinem Leben Antwort zu geben auf die Frage, wie man denn leben kann.

Nichts geringerem als diesem Anspruch soll der Jünger genügen. Und jeder neue Tag, der unter diesem Anspruch steht, weckt neue List in uns und neue Pläne, wie man die Sache rationalisieren kann: dies Leben aus dem Widerspruch zu lösen, dem es verfallen scheint wie einer frühen Liebe. Der Mensch, beschäftigt damit, das Paradox des Lebens umzuwandeln in eine Gleichung, entzieht sich dem, was Menschenleben heißt. Er findet seine Ruhe auf dem Gleichheitszeichen und wähnt, daß dies die Antwort sei, die ihm zu leben aufgegeben ist. Der Geist des Auferstandenen hält nichts von solcher Ruhe. Er treibt uns immer wieder fort aus den Entwürfen, in denen wir den Fluchtpunkt unseres Menschseins fixieren wollen. Der Geist des Auferstandenen liebt in unseren Tagen den Jünger, der noch fähig ist zum Staunen.

Wer Antwort geben will mit seinem Leben auf die Frage, wie man denn leben kann, wird sich einlassen müssen darauf, den Menschen zu begegnen, denen die Antwort werden soll. Er wird auch seine Fähigkeit zum Staunen in diese Begegnung einzutragen haben; denn wer da staunt, ist noch entfernt vom Urteil. Er wird erfahren, wie das fremde Leben sich ihm mitteilt, wie das Gefügte nicht mehr gilt und Worte gleicher Syntax neue Sprache werden. Er wird sich diesem Wandel willig erschließen und gleichwohl unter Schmerzen immer wieder Abschied nehmen müssen von dem, der er noch gestern war. So bleibt er Weggefährte allen, denen er begegnet und die er unterwegs ein Stück begleitet. So graben sich die Nägelmale ein, die ihm der Geist des Auferstandenen weitergibt und die auch seine Identität ausweisen als Weggenosse mit den Fragenden. So hält er Ostern offen für die Menschen an der Seite.

»Nehmt hin den heiligen Geist!« sagte der Herr. Und dann: »Welchen ihr die Sünden erlasset, denen sind sie erlassen; und welchen ihr sie behaltet, denen sind sie behalten.« Nun sehe ich keine Vollmacht mehr in diesen Worten, den Spruch des eigenen Urteils unter Berufung auf den Geist zum letzten Satz zu machen, den Menschen tragen müssen bis in Ewigkeit. Die Vollmacht der Jünger ist die Macht zur Freude, die Fähigkeit, die Mauern um uns immer wieder zu verlassen und auch die Furcht mit auf den Weg zu nehmen. Die Vollmacht der Jünger ist die Macht zur Freude, die Fähigkeit, dem anderen zu begegnen und ihn dort in sich aufzunehmen, wo er sich selbst am meisten fremd ist. Die Vollmacht der Jünger ist die Macht zur Freude, die Ostern offenhält für diese Menschen an der Seite. Wo diese Vollmacht nicht gelebt wird, da blieb der Geist des Auferstandenen auf dem Weg zurück. Wo diese Macht zur Freude nicht den Widerspruch begleitet, in den das Menschenleben eingeboren ist, da gibt es keine Antwort auf die Frage, wie man denn leben kann. Auf diese Frage soll der Jünger Antwort geben mit seinem Leben, nicht mit richtigen Sätzen.

So geht der Friede mit ihm, den der Auferstandene meint. So wirkt er Frieden. Oder auch so: Wir sind Jünger des Auferstandenen, soviel wir anderen Menschen Frieden bringen, und das heißt: unsere Freude ihnen Grund sein kann, aus den verschlossenen Räumen ihrer Furcht hinauszugehen.

Abschied

Zwischen Ostern und Pfingsten

Abschied von Menschen, bei denen wir bleiben möchten, ist anders als jede andere Erfahrung. Was sonst noch wichtig ist, wird unscheinbar in solchen Stunden. Die verwirrende Vielfalt, mit der wir täglich unser Leben auszumachen haben, verdichtet sich zu einer Frage, mit der es nichts mehr auszumachen gibt, weil sie beim Abschied ohne Antwort bleibt trotz aller Worte, die wir uns da sagen mögen. Es ist die Frage, wie das Leben nach dem Abschied aussieht. Wir versprechen einander, daß wir uns nicht vergessen wollen. Wir hoffen miteinander auf ein Wiedersehen, wenn man denn überhaupt darauf hoffen kann. So versuchen wir, der Trennung ihre Unerbittlichkeit zu nehmen – und wissen, daß sie unerbittlich bleibt trotz allem.

Abschied von Menschen, bei denen wir bleiben möchten, ist immer ein Abschied von uns selber: Wir gehen fort als die, die mit dem Du zugleich ihr Ich, so wie es war, entlassen haben. Die Frage, wie das Leben nach dem Abschied aussieht, schafft diesem Wissen Raum in allen unseren Sinnen und läßt uns darum bangen, ob wir im Ich der Zukunft uns noch wiederfinden. Und unser Bangen gilt zugleich dem Du: ob es sich durchhält durch die Trennung und in der Welt dort ohne uns. So sind die Worte, die wir uns beim Abschied sagen, nicht nur Versuch, der Unerbittlichkeit den Mantel umzulegen. Mit ihnen halten wir uns gegenseitig fest in der Gewißheit, daß auch der Abschied uns nicht voneinander trennen kann. Die Worte, die wir uns bei solchem Abschied sagen, mögen belanglos sein in ahnungslosen Ohren. In Wahrheit legen wir in sie die ganze Frage, in deren Antwort unser Leben liegt.

Vom letzten Gespräch Jesu auf dieser Erde, als Kreuz und Auferstehung schon geschehen waren und er nun Abschied nahm von seinen Jüngern, gibt uns Johannes den Bericht (Johannes 21, 15–18):

»Als sie das Mahl gehalten hatten, sprach Jesus zu Simon Petrus: Simon, Jonas Sohn, hast du mich lieber als mich die anderen haben? Er sprach zu ihm: Ja, Herr, du weißt, daß ich dich liebhabe. Da sprach Jesus zu ihm: Weide meine Lämmer! Zum zweiten Mal sprach Jesus zu Petrus: Simon, Jonas Sohn, hast du mich lieb? Er sprach zu ihm: Ja, Herr, du weißt, daß ich dich liebhabe. Und Jesus sprach zu ihm: Weide meine Schafe! Dann sprach Jesus zum dritten Mal zu Petrus: Simon, Jonas Sohn, hast du mich lieb? Petrus wurde traurig, daß Jesus zum dritten Mal zu ihm sagte: Hast du mich lieb? und sprach zu ihm: Herr, du weißt alle Dinge, du weißt, daß ich dich liebhabe. Und Jesus sprach zu ihm: Weide meine Schafe! Ich sage dir die Wahrheit: Als du jünger warst, da gürtetest du dich selbst und gingst, wohin du wolltest; wenn du aber alt wirst, wirst du deine Hände ausstrecken, und ein anderer wird dich gürten und führen, wohin du nicht willst.«

Jesus mußte gehen. Simon Petrus, der Sohn Jonas, mußte bleiben. Jesus hatte alles vollbracht, was ihm vom Vater zu vollbringen aufgegeben war. Und dieses Vollbrachte sollte die Herzen und Sinne und Augen und Hände öffnen für Gott und die Menschen. Da stand Simon Petrus vor Jesus in der Stunde des Abschieds: An ihm und danach an den anderen Jüngern mußte es sich entscheiden, ob das Vollbrachte in der Welt blieb und damit auf seinem Weg zu den Menschen – oder ob der scheidende Herr es sinnlos zurückließ und Gott und Welt einander endgültig Fremde wurden. Er, der des Vollbrachten Zeuge war und durch alle Höhen und Tiefen an der Seite des Herrn hatte gehen müssen, hörte zum Abschied dreimal die Frage, die täglich ungezählte Menschen aussprechen: »Hast du mich lieb?« Aber der Fragende und der Befragte hatten eine gemeinsame Geschichte, die die Frage unendlich über das Tägliche hinaushob in die Unwiederholbarkeit. Die dreimalige Frage des Herrn sollte jenseits der Stunde des Abschieds das Leben des Petrus bestimmen. Sie sollte es ihm verwehren, das ihm anvertraute Vollbrachte aus der Liebe zum Herrn zu lösen, in der es allein das begonnene Werk vollenden konnte.

Der Auftrag des Herrn an Petrus »Weide meine Schafe« setzte das Liebesbekenntnis des Petrus voraus. Das galt für Petrus. Und das gilt seitdem für alle Christen. Der Auftrag wird heute wohl anders formuliert. Die Gemeinde ist unübersehbar geworden. Und wir wissen auch, daß die Sorge um die Menschen nicht an den Grenzen der Gemeinde zur Ruhe kommen darf. Wir haben das Vollbrachte in den Händen. Die Frage des Herrn an Petrus gilt jetzt uns. Sie lautet nicht: »Liebst du die Menschen?«; sie lautet: »Liebst du mich?« Die Liebe zu den Menschen ist eine kleine Kraft und ständig der Enttäuschung preisgegeben. Die Liebe zum Herrn schöpft aus dem Unerschöpflichen die Kraft, trotz aller Enttäuschung das Vollbrachte mitzuteilen und darin Menschen gewiß zu machen, daß sie Geliebte sind.

Der Herr erinnert den Jünger an die gemeinsame Geschichte, die alle eigenen Lebensentwürfe des Petrus ablöste durch den einen Lebensentwurf, den ihm der Herr selber machte. Und in dieser Erinnerung nimmt der Herr schließlich alles auf, was er ihm zuvor als Frage und Auftrag gesagt hatte. Er weist Petrus in die Zukunft, in der ihn ein anderer gürten und führen wird. Er nimmt das Erstaunen des Petrus vorweg darüber, was der Herr mit einem Menschen alles vorhaben kann, den er sich erwählt hat, sein Jünger zu sein. Und er legt so im Herzen des Petrus den Grund des Vertrauens, daß es der Herr ist und keine Macht der Welt, wenn ihn ein anderer gürtet und führt, wohin er nicht will.

So war es damals beim Abschied Jesu von den Jüngern. Ein Abschied, wie ihn Menschen nehmen, die gern noch beieinander blieben. Ein Abschied zudem, der erkennen läßt, in welche schwachen Hände der Herr das von ihm Vollbrachte legte, damit es seinen Lauf durch die Welt nehme. So war die Frage des Herrn an Petrus: »Hast du mich lieb?« in allem auch die Frage, wie das Leben nach dem Abschied aussieht. Und weil jetzt diese Frage uns gilt, wird sie offenbleiben bis an das Ende.

Folgen

Himmelfahrt

Menschen begegnen einander und merken oft zu spät, daß solches Begegnen nicht belanglos war, wie es zunächst wohl schien, sondern wichtig, sogar lebenswichtig. Wie viele haben ihre Liebe zu einem anderen erst entdeckt, als der geliebte Mensch unerreichbar geworden war: Wie viele haben erst zu spät gemerkt, daß da einmal ein Mensch bei ihnen war, der sie liebte! Wie viele fanden nichts dabei, sich einem anderen gleichgültig zu entziehen, und leiden dann, wenn es dem anderen nichts mehr nützt, in ihrem Gewissen!

Wie viele haben ein Leben lang von Gott geredet, von Jesus Christus und daß Gott Mensch wurde in ihm, haben »Herr, Herr« gesagt und merkten erst sehr spät: Nichts von alledem war wirklich wichtig – nur belanglos. Belanglos nicht, weil es an Worten fehlte. Belanglos deshalb, weil die Worte nicht dem Eindruck entsprachen, den die Begegnung mit Gott auf einen Menschen machen müßte. Belanglos deshalb, weil diese Worte von der Sache Gottes reden konnten und nebenbei das Leben weiterging, als habe Gottes Sache sich nicht mitgeteilt, als hätte Gott den Menschen bei der Begegnung nicht verändert. Als hätte er mit seiner eigenen Sache nichts zu tun!

Was aber ist denn Gottes Sache? Die Antwort ist einfach und deshalb so schwer: Gottes Sache ist Jesus. In ihm wurde er Mensch. In ihm kam er bei uns an. In ihm entbarg er sein Geheimnis. In ihm begegnete er uns da, wo wir uns finden. In ihm gewährte er uns Gemeinschaft. In ihm berief er uns zur Freude. In ihm gab er sich dem Mißverständnis preis und nahm die Zumutung auf sich, ein Mensch zu sein.

Wem Gott in Jesus so begegnet ist, dem gilt: Du kannst nicht Gott begegnet sein zu deinem Heil und weiterhin dir deine Macht aus dem Unheimlichen besorgen. Du kannst ihm nicht begegnet sein als deinem Freund und nicht danach zum Freund werden für den Besorgten in der Tiefe, der dich braucht. Du kannst nicht dir von Gott Gemeinschaft schenken lassen und noch denen deine Gemeinschaft verweigern, die Gemeinschaft brauchen, um leben zu können. Du kannst nicht Gott bei allen Ausgewiesenen wissen und bei dir bleiben, ohne Recht zu schaffen, wo Unrecht überwunden werden kann. Du kannst nicht Freude in dein Leben leuchten lassen und dieses Licht bei dir behalten. Du kannst zu Gott nicht sagen »Herr, Herr« und nicht nach seinem Willen tun.

Dieses aber kannst du: Du kannst deine leeren Hände, die schmutzig sind vom Staub der Straßen, die du gehen mußt um Gottes willen, ihm hinstrekken und »Vater« zu ihm sagen.

Nur dem, der diesen Gott in Christus loswerden will als Anspruch an sein Leben, bedeutet Christi Himmelfahrt, daß er nun fern von allem hier in seinem Himmel wohnt und allenfalls dort auf uns wartet. Das Gegenteil aber gilt: Mit seiner Himmelfahrt hat der Herr den Anspruch an alles Menschenleben proklamiert, daß die Begegnung mit ihm Folgen habe:

»Die Zeichen aber, die da folgen werden denen, die da glauben, sind: In meinem Namen werden sie Teufel austreiben, mit neuen Zungen reden, Schlangen vertreiben; und wenn sie etwas Tödliches trinken, wird es ihnen nicht schaden. Auf die Kranken werden sie die Hände legen, so wird es besser mit ihnen werden. Und nachdem der Herr dies mit ihnen geredet hatte, wurde er zum Himmel aufgehoben. Er sitzt zur rechten Hand Gottes. Die Jünger aber gingen hinaus und predigten an allen Orten. Und der Herr wirkte mit ihnen und bekräftigte das Wort durch mitfolgende Zeichen.«
Markus 16, 17–20

Glauben

Pfingstsonntag

Liebet ihr mich, so haltet ihr meine Gebote;
und ich will den Vater bitten,
und er soll euch einen anderen Tröster geben,
daß er bei euch bleibe ewiglich,
den Geist der Wahrheit,
den die Welt nicht empfangen kann;
denn sie sieht ihn nicht und kennt ihn nicht.
Ihr aber kennt ihn; denn er bleibt bei euch
und wird in euch sein.
Ich will euch nicht als Waisenkinder zurücklassen«, spricht Christus im Johannesevangelium (14, 15 bis 18).

Wenn zwei Menschen, Mann und Frau, sich lieben und wollen, daß der andere das weiß, dann zeigen sie einander, daß sie sich lieben, und sprechen es auch aus.

Wenn in ihr Leben Zeiten der Prüfung hineinbrechen, in denen es darauf ankommt, daß der eine sich auf den anderen ganz und gar verlassen kann in allem, was er tun wird, dann ist es gut, wenn der eine dem anderen sagt: »Ich vertraue dir.«

Und wenn alles davon abhängt, daß der eine trotz aller Widerstände und Dunkelheiten, die noch vor dem Ziele liegen, es dennoch erreicht, weil davon die Zukunft und das Glück der Liebenden abhängt, dann kann es geschehen, daß der andere zu ihm sagt: »Ich glaube an dich.«

Ähnlich ist es auch im Leben des Menschen mit Gott. Gott zeigt mir in Jesus Christus, daß er mich liebt, und spricht es täglich neu in seinen Worten an mich aus. Es ist an mir, ihm auf seine Liebe mit meiner Liebe in der Tat und im Wort zu antworten.

Die Zeit der Prüfung ist gekommen, wenn ich die Hand Gottes ergriffen habe und in allem, was geschehen wird in meinem Leben, die Frage erkenne: »Vertraust du auch, daß diese Hand dich führt zu deinem Heil in der Freude und im Leid, im Leben und im Sterben?« Dann ist es an mir, mein Vertrauen auf Gott zu bekennen.

Und wenn ich gewiß bin, daß allen Widerständen und Dunkelheiten, die für mein menschliches Auge noch vor dem Ziel liegen, aller Angst und dem Tode zum Trotz Gott es dennoch erreicht mit mir, dem Menschen, dann spreche ich zu Gott: »Ich glaube an dich.«

Wenn ein Mensch zu einem anderen sagt: »Ich glaube an dich«, dann meint er gewiß nicht damit: Ich bin überzeugt, daß es dich gibt. Er meint vielmehr: Wir beide, du und ich, haben durch dich eine Zukunft vor uns, in der wir die Erfüllung unseres irdischen Lebens finden.

Der Mensch, der zu Gott sagt: »Ich glaube an dich«, meint damit auch nicht: Ich bin überzeugt davon, daß es dich, Gott, gibt. Sondern er meint: Durch dich habe ich mit dir eine Zukunft vor mir, in der ich die Erfüllung meines ewigen Lebens finde.

Wer glaubt, der ist gewiß, daß er mit dem anderen eine gute Zukunft hat. Wer an Gott glaubt, ist gewiß, mit Gott eine ewige Zukunft zu haben.

Gott ist in der Ewigkeit, und der Mensch ist zeitverhaftet. Gott ist im Himmel, und der Mensch ist auf der Erde. Gott kam in Jesus Christus, und das ist zweitausend Jahre her. Und doch ist solcher Glaube menschenmöglich. Und doch vertrauen Menschen dem ewigen Gott, den sie nie sehen, und gehen getrost an seiner Hand. Und doch bekennen sie, daß Gott sie liebt durch Jesus Christus, und geben seiner Liebe Antwort, indem sie selber lieben – ihn und den Menschen, mit dem sie gerade zu tun haben.

Das ist es, wenn wir sagen: »Ich glaube an den Heiligen Geist.« Diese Macht Gottes, die für mich alle Räume und Zeiten und sogar den unaussagbaren Unterschied zwischen der Zeit und der Ewigkeit überwindet, ist Gottes Heiliger Geist.

Daß das Wort der Bibel, dieses uralten Buches – eigentlich doch nur geformte Druckerschwärze auf beschnittenem Papier –, für mich zum Worte Gottes wird, das mir das Lieben, Vertrauen und Glauben überhaupt erst möglich macht, das nenne ich das Werk des Heiligen Geistes.

Daß die Predigt am Sonntag, der Unterricht und das Gespräch mit Menschen, die doch nur Menschenworte reden, in uns wirken, als spräche Gott oder sein Christus selber mit uns, so daß das Menschenwort zum Worte Gottes wird, das, so bekennen wir, wirkt Gottes Heiliger Geist.

Daß jede Blume, die doch bald verblüht, und jedes Tier, das seine Nahrung sucht und das sein Leben damit doch nur fristen kann, daß jeder Sonnenstrahl und jeder Tautropfen für mich zum Hinweis wird auf Gottes Schöpfungsmacht, erfahre ich durch Gottes Heiligen Geist.

Daß jede Freude meines Lebens mich Gott danken läßt, daß jedes Leid mir Anlaß gibt, noch tiefer ihm, dem Vater, zu vertrauen, das schafft in mir sein Heiliger Geist.

Daß ich mit Gott sprechen kann und mein Wort nicht leer verklingt mit seinem Schall, daß es die Zeit und Welt durchdringt bis hin zu Gott und Gott mich hört, das danke ich dem Walten seines Heiligen Geistes.

Daß Gott, der ewige Gott, mir Antwort gibt und diese Antwort meine Seele trifft und ich nicht zweifle daran, daß ich Gott verstanden habe, das schenkt mir Gottes Heiliger Geist.

Daß ich die Kraft dazu habe, auf Jesus zu sehen und dann hinzugehen, wie er es tat, und meine Feinde liebe, die segne, die mich verfluchen, und denen Gutes tue, die mich verfolgen, dazu verhilft mir Gottes Heiliger Geist.

Daß dieses Ich, mein Ich, erkennt, daß es von Gott berufen ist, an seinem Ort, in seiner Zeit sein Statthalter zu sein in seiner Schöpfung, das könnte nicht geschehen ohne Gottes Heiligen Geist.

Daß einst die Jünger Jesu, die geflohen waren, als er an seinem Kreuz verlassen hing, zurückkehrten und dann vor aller Welt bekannten: »Jesus von Nazareth, den ihr getötet habt, blieb nicht im Tode. Er ist auferstanden und ist der Christus Gottes und das Heil der Welt«, das wirkte Gott durch seinen Heiligen Geist.

Daß Menschen in der Kirche zueinanderfinden, die Gott durch Jesus Christus lieben und vertrauen und an ihn glauben so wie ich, daß sie sich in der Taufe seinem Christus ganz hingeben, weil sie von ihm ihr neues Leben haben, daß sie im Abendmahl Christus empfangen, der sich für sie dahingegeben hat, daß sie sich eins wissen mit allen Menschen, die auf der weiten Erde Jesus Christus bekennen als ihren Herrn und Retter,

daß sie aus allen Sprachen, Farben und Nationen kommen und doch ihr Heil nur in dem einen sehen können: in Jesus, seinem Leben, Leiden, Sterben und Auferstehen,

daß ich aus allem Irrtum und aus aller Schuld, aus tiefen Niederlagen und mit Scham im Herzen immer wieder die Hände falten und zu dem ewigen Herrn und Schöpfer aller Dinge »Vater« sagen kann, das habe ich gewiß nicht aus mir selber,

daß ich zutiefst gewiß bin: keine Schuld und kein Versagen reichen tiefer als Gottes Liebe, die die Schuld vergibt,

daß ich vergänglich bin wie alle Kreatur und trotzdem daran glaube, daß Gott auch mir den Ostermorgen bereitet – wie er ihn Jesus einst bereitet hat,

daß dieses Ich, mein Ich, von Gott ins Leben gerufen wurde, so wie es ist, und durch den Tod hindurch unaustauschbar und unverwechselbar bei Gott erhalten wird zum ewigen Leben,

das alles und noch vieles mehr bereitet Gottes Heiliger Geist vom ersten Pfingsten bis ans Ende aller Tage.

Ich glaube an den Heiligen Geist. Ich bin gewiß, daß ich mit Gottes Heiligem Geist eine ewige Zukunft habe, weil er mich hier in der Zeit der Vergänglichkeit und des Irrtums in die Unvergänglichkeit und in die Wahrheit weist. Ich bin gewiß, daß er mir beisteht, wenn ich schwach werde,

»wenn alles verschwindet,
und ich mein Nichts und Verderben nur seh,
wenn kein Vermögen zu beten sich findet
und ich vor Angst und vor Zagen vergeh«
(Joh. H. Schröder).

Ich bin gewiß, daß er mich nicht verläßt, bis ich das Ziel meines Lebens erreicht habe und aus dem Glauben an Gott in das Schauen auf Gott getreten bin in seiner Ewigkeit.

»Nun bitten wir den Heiligen Geist
um den rechten Glauben allermeist,
daß er uns behüte an unserm Ende,
wenn wir heimfahrn aus diesem Elende, Kyrieleis.

Du wertes Licht, gib uns deinen Schein,
lehr uns Jesum Christ kennen allein,
daß wir an ihm bleiben, dem treuen Heiland
der uns bracht hat zum rechten Vaterland. Kyrieleis.

Du süße Lieb, schenk uns deine Gunst,
laß uns empfinden der Liebe Brunst,
daß wir uns von Herzen einander lieben
und im Frieden auf einem Sinn bleiben. Kyrieleis.

Du höchster Tröster in aller Not,
hilf, daß wir nicht fürchten Schand noch Tod,
daß in uns die Sinne nicht verzagen,
wenn der Feind wird das Leben verklagen. Kyrieleis.«

Wohin?

Pfingstmontag

Wer Unübersehbares nicht sieht, ist selten einfach blind: Die Menschen gehen als Beladene durch die Geschichte. Ihre Last ist meist zu schwer, sie auf die Zukunft eilend zu verpflichten. Der Zwiespalt unserer Zeit trennt nicht so etwas wie die Gruppen der Gesellschaft voneinander. Das meint nur der Ahnungslose. Der Zwiespalt geht durch uns selber, durch jeden einzelnen von uns mitten hindurch. Wir werden fast zerrissen von dem Anspruch, die Zukunft zu gewinnen und zugleich die Erfahrungen unseres Lebens durchzuhalten. Wir sind geprägt durch unsere Geschichte und kommen nicht daran vorbei, uns auf das kaum Geahnte einzulassen, das unsere Geschichte wohl einmal ganz anders deuten wird. Diesen Konflikt in mir muß ich mit mir selber ausmachen. Und die Entscheidungen, die ich hier fällen muß, verantworte ich ganz. Sie haben Konsequenzen, die ich nicht mehr in meinen Händen halte. Und doch verantworte ich auch diese Konsequenzen ganz.

Den Zwiespalt in mir werde ich mein Leben lang nicht los. Er weist mich täglich neu an, mein Menschsein als Zumutung zu empfinden. Ich sehne mich nach Eindeutigkeit: daß doch mein Handeln durch den Lauf der Dinge gerechtfertigt oder widerlegt werde – oder daß ich der Pflicht zum Handeln endlich ledig sei. Es ist die Sehnsucht in mir, aus dem Menschseinmüssen auszuwandern in die Unverantwortlichkeit der Kreatur. Die Sehnsucht ist Versuchung. Ist es Versuchung, was die Schlange spricht, wo sie den Menschen provoziert zum Ungehorsam: »Ihr werdet sein wie Gott«, so ist es ebenso Versuchung, Gott entfliehen zu wollen. Wer betet, kennt das. Und vollends kennt das, wer so betet:

»Wohin soll ich gehen vor deinem Geist,
und wohin soll ich fliehen vor deinem Angesicht?
Führe ich gen Himmel, so bist du da;
bettete ich mich bei den Toten,
siehe, so bist du auch da.
Nähme ich Flügel der Morgenröte
und bliebe am äußersten Meer,
so würde auch dort deine Hand mich führen
und deine Rechte mich halten.
Spräche ich: Finsternis möge mich decken
und Nacht statt Licht um mich sein –
so wäre auch Finsternis nicht finster bei dir,
und die Nacht leuchtete wie der Tag.
Finsternis ist wie das Licht.«

Die Worte des Beters im 139. Psalm zwingen mich, stillzustehen und Antwort zu geben auf die Frage, warum sie mich betreffen. »Wohin soll ich gehen vor deinem Geist, und wohin soll ich fliehen vor deinem Angesicht?« So fragt der Mensch im Psalm. Was aber ist der Geist Gottes – was ist das Angesicht Gottes für ihn anderes als eben das, was ihn, den Menschen, so unentrinnbar in seinem Menschsein hält! Das ihn nicht aus dem Ansinnen entläßt, in diesem Abenteuer täglich auszuhalten: verantwortlich zu sein an seinem Teil für unsere Erde und dieses schuldträchtige Geschäft je neu mit Gott auszumachen. Seit Anbeginn drängt Menschengeist zur scheinbar erlösenden Alternative: die gottlos erklärte Welt autonom auf diesen Menschengeist hin neu zu entwerfen – oder die gottverlassene Welt zu fliehen, um unbesorgt um sie bei Gott zu sein. Mir sind beide versagt: die gottlose Welt und der weltlose Gott. »Führe ich gen Himmel, so bist du da; bettete ich mich bei den Toten, siehe, so bist du auch da.« Gottes Dasein, sein Geist und sein Angesicht, ich spreche mit den Worten des Psalmisten, halten auch mich vor Gott auf dieser Erde fest. Aber eben: vor Gott. Aber eben: auf dieser Erde, solange ich lebe.

Hier könnte ich verharren. Ich kenne meinen Ort nun und die Kräfte, die mich an ihm halten. Kein Anspruch aber steht mir zu, mit dem ich fordern könnte, mein Risiko dorthin zu übernehmen, wo mein Leben definiert wurde. Gottes Geist und Gottes Angesicht kann ich nicht in die Schranken fordern, wenn ich meine, daß mir mein Recht entzogen wird – oder doch das, was ich für mein Recht halte. Das kommt mir zu, was ich an Chancen und Entzug erfahre; denn es erschließt mir, daß ich endlich bin. Ich kann mich aufmachen von meinem Ort und wähnen, Gott müsse mir auch einmal Urlaub geben – für einen Tag oder für eine Zeit. Gott bleibt dabei. »Nähme ich Flügel der Morgenröte und bliebe am äußersten Meer, so würde auch dort deine Hand mich führen und deine Rechte mich halten.« Gott bleibt dabei. Aber das ist es, was nun auch zu sagen ist: Gott bleibt dabei, nicht nur, um mir mein Menschsein zuzumuten, das ich erfahre als Verantwortung an meinem Teil für unsere Erde und als Gebot, dieses schuldträchtige Geschäft je neu mit ihm auszumachen. Gott bleibt dabei mit seiner Hand, um mich zu führen und um mich zu halten. Der Schöpfer, der mich meint, ist auch der Vater, der mich liebt. Das sagt der Mensch im Psalm mit seinen Worten. Ich möchte es für mich auf meine Weise sagen; denn hierin finde ich Geborgenheit. Gott bleibt dabei. Und was mich oft bedrängt, daß ich nicht Gott los sein kann, erweist sich mir als Segen: Gott bleibt bei mir, weil ich nicht sein kann ohne ihn. Das habe ich mir nicht ausgedacht. Sowenig, wie ich mir mich selbst, mein Leben, ausgedacht habe. Ich weiß, daß widersprochen wird: »Der Mensch schuf sich den Gott, den er ersehnt.« Ein Argument des Menschen auf der Flucht, der damit Gott sowenig los wird wie der Psalmist und ich.

So weiß ich, was ich einzubringen habe, wenn ich gefordert bin, an meinem Teil Verantwortung für unsere Erde zu tragen. Was ist denn mein Teil anders als diese Erfahrung der Geborgenheit! Und die Verantwortung, in der ich stehe, muß doch nun sein, Gottes Verborgenheit zu entbergen, damit die Unbehausten dieser Zeit mit mir Geborgenheit gewinnen. Dann muß die Inspiration der Freude, die entsteht, wo »die Nacht leuchtet wie der Tag und Finsternis wie das Licht ist«, herausdrängen und Freude schaffen bei dem anderen, der die Freude braucht wie ich. Dann muß die Vision erfüllter Sehnsucht lächelnd neben der Frage bleiben, ob sie sich nicht selber gebar. Ich nehme Gottes Offenbarung gelassen in Anspruch, wo es um den Menschen geht, sein Heil, sein Recht, sein Leben; denn das, was mir gilt, gilt allen anderen ebenso. Ich nehme in Anspruch die Nachricht vom Ostermorgen: daß Christus von den

Toten auferstand – weil keine Nachricht jemals wichtiger war als die, daß Freiheit in Christus wirkliche Freiheit ist. Ich nehme in Anspruch den hochgemuten Glauben, daß Gott uns liebt und nichts uns je von seiner Liebe trennen kann. Das ist mein Teil an der Verantwortung für unsere Erde.

Am Ende des 139. Psalms spricht der Beter: »Erforsche mich, Gott, und erkenne mein Herz; prüfe mich und erkenne, wie ich's meine. Und sieh, ob ich auf bösem Wege bin, und leite mich auf ewigem Wege.« Ich möchte diese Worte ganz schlicht wiederholen so, als wären es meine eigenen. Ich weiß und habe es schon vielfältig erfahren, daß das Vertrauen auf Gottes Gegenwart und seine Hand meine Entscheidungen und mein Handeln nicht dem Urteil entzieht. Denn meine Entscheidungen und mein Handeln bleiben nicht bei mir selber – sie wirken hinaus, dorthin, wo andere Menschen sind. Und auch da ist keine Instanz, auf die ich das Risiko, verantwortlich dafür zu sein, verlagern könnte. Wie viele Möglichkeiten sind da, Nächster zu werden jedem, der einen Nächsten braucht, und durch das Zeugnis von der Liebe, die Gott in Christus offenbarte, Freiheit zu erwirken und Zukunft zu eröffnen. Und wie oft kann ich auch in alledem versagen! Ich bin bereit, den Freispruch der Osterbotschaft anzunehmen und so danach zu handeln, daß keine Rücksicht auf mich selbst mich hindern muß, mich grenzenlos auf den einzulassen, der mich als seinen Nächsten braucht. Ich kenne aber auch die wesenhafte Widersprüchlichkeit alles dessen, was Menschen tun. Hier gibt es keinen Ruhm. Hier bleibt der Mensch mit einer Schuld, die er nicht tragen kann, allein, wenn Gott sie nicht vergibt. Und nur, weil Gott vergibt, kann ich an jedem Tag das Neue auf mich nehmen.

Zum Abend

Der Tag blickt auf sein Ende,
und bei des Lichtes Wende
gibt er sich still darein,
daß er ins Gestern gehe.
Herr, laß in deiner Nähe
auch diesen Tag behalten sein.

Was ich auf seinem Wege
zum End noch auf ihn lege,
schließ du in alles ein,
was ihm bisher mein Leben
verweigert und gegeben:
Laß meinen Tag behalten sein.

Die Menschen, die ich liebte,
und die, die ich betrübte,
und die ich ließ allein,
die Freunde und die andern,
die in die Nacht jetzt wandern,
laß mit dem Tag behalten sein.

Du willst uns viele Straßen
im Dunkel gehen lassen,
bevor das Licht bricht ein:
Geh mit uns in den Morgen
und laß uns so geborgen
zum neuen Tag behalten sein.

Wenn ich am letzten Tage
mein Leben vor dich trage,
sein Wesen, seinen Schein,
laß ganz und ohne Fehle
die Tage, die ich zähle,
für diesen Tag behalten sein.

Dann wird kein Tag gefunden,
an dem nicht Christi Wunden
schlossen auf ewig ein,
was ich als Schein erlesen.
So läßt du, Herr, mein Wesen
in deinem Tag behalten sein.

Dietrich Rössler · Vergewisserung

22 Beispiele christlicher Rede

ca. 160 Seiten, kartoniert

Gewißheit – und vor allem Gewißheit in Glaubensfragen – erlangt man nicht ein für allemal. Deshalb ist es nötig, sich immer wieder zu vergewissern, wo der Grund liegt für unser Vertrauen auf Gott. Solche Vergewisserung geschieht am besten anhand der Bibel. An über 20 Beispielen zeigt der Prediger und Professor für Praktische Theologie Dietrich Rössler, was Vergewisserung als Einübung in die Gewißheit des Glaubens bedeutet.

Eduard Lohse · Die Urkunde der Christen

Was steht im Neuen Testament?

190 Seiten Text, davon 32 Seiten Fotos, gebunden

Das Neue Testament – die Ur-Kunde der Christen – muß immer wieder neu vergegenwärtigt werden. Information über die historischen Sachverhalte, begleitet von zahlreichen Bildern, verbindet sich in diesem Band mit einer Hinführung zum eigentlichen Inhalt der frohen Botschaft. In 25 Abschnitten führt Eduard Lohse den Leser zu den zentralen Themen des Evangeliums. Er beginnt mit der Gestalt Christi und seiner Botschaft, berichtet vom Entstehen der Urchristenheit und ihrer Auseinandersetzung mit der Umwelt und schließt mit einem Überblick über die verschiedenen neutestamentlichen Schriften.

Kreuz Verlag

René Leudesdorff · Wende dein Gesicht zur Sonne

Texte zum Bedenken

254 Seiten, gebunden

»Das Besondere an den 60 Andachten, die dieses Buch enthält, ist, daß Situationen unseres Alltags transparent gemacht werden für die Gegenwart Gottes, für das Zusammengehören von Leben und Glauben. Dadurch werden Erfahrungen mit Gott ermöglicht und Glaube verstehbar gemacht mitten in den Fragen unserer Zeit.
Das Buch ist über den persönlichen Gebrauch hinaus sehr gut für Andachten in den kirchlichen Gruppen verschiedenster Art geeignet.« Anhaltspunkte

Atempausen

Gedanken für jeden Tag des Jahres

Herausgegeben von Willy Grüninger und Erwin Brandes

389 Seiten, gebunden

2. Auflage (11.–18. Tausend)

»Die Atempausen verhelfen zum Innehalten und zur Andacht, aber sie sind kein Andachtsbuch im üblichen Sinne. Für jeden Tag des Jahres sind jeweils drei Worte ausgewählt, die zueinander in enger Beziehung stehen: das Wort eines Denkers, ein Gedicht, ein Wort der Heiligen Schrift. Was die Herausgeber hier zusammengetragen haben, gehört mit zum wertvollsten Gedankengut der Menschheit. Das Buch ist eine Fundgrube für jeden, der in dieser verunsicherten und schnelllebigen Welt nach dem Beständigen und Hilfreichen sucht.«
Für Arbeit und Besinnung

Kreuz Verlag